Klangzauber Kalimba: Musikalisches Können mit Fingerspitzengefühl!

Ein Anfängerhandbuch zum Erlernen der Grundlagen, zum Lesen von Noten und Spielen von Liedern mit Audioaufnahmen

Legal & Haftungsausschluss

Die in diesem Buch enthaltenen Informationen und deren Inhalte sind nicht darauf ausgelegt, eine Form von medizinischem oder professionellem Rat zu ersetzen oder diesen einzunehmen. Sie sollen auch nicht den Bedarf an unabhängigem medizinischem, finanziellen, rechtlichen oder anderem professionellem Rat oder Service ersetzen, der erforderlich sein könnte. Der Inhalt und die Informationen in diesem Buch dienen ausschließlich zu Bildungs- und Unterhaltungszwecken.

Der Inhalt und die Informationen in diesem Buch wurden aus als zuverlässig erachteten Quellen zusammengestellt und entsprechen nach bestem Wissen, Informationen und Glauben des Autors der Wahrheit. Der Autor kann jedoch nicht für deren Genauigkeit und Gültigkeit garantieren und kann nicht für Fehler und/oder Auslassungen haftbar gemacht werden. Darüber hinaus werden an diesem Buch regelmäßig Änderungen vorgenommen, wenn dies erforderlich ist. Wo angebracht und/oder notwendig, sollten Sie vor der Anwendung von vorgeschlagenen Mitteln, Techniken oder Informationen in diesem Buch einen Fachmann (einschließlich, aber nicht beschränkt auf Ihren Arzt, Anwalt, Finanzberater oder einen anderen professionellen Berater) zu Rate ziehen.

Bei der Verwendung der Inhalte und Informationen in diesem Buch erklären Sie sich damit einverstanden, den Autor von jeglichen Schäden, Kosten und Ausgaben freizustellen, einschließlich eventueller Anwaltsgebühren, die möglicherweise aus der Anwendung der in diesem Buch bereitgestellten Informationen resultieren. Dieser Haftungsausschluss gilt für jeden Verlust, Schaden oder Verletzung, der durch die direkte oder indirekte Anwendung von Ratschlägen oder Informationen verursacht wurde, sei es aufgrund von Vertragsverletzung, unerlaubter Handlung, Fahrlässigkeit, Körperverletzung, Vorsatz oder aufgrund einer anderen Klageursache.

Sie erklären sich damit einverstanden, alle Risiken bei der Verwendung der in diesem Buch präsentierten Informationen zu akzeptieren.

Sie erklären sich damit einverstanden, dass Sie, sofern angebracht und/oder notwendig, bevor Sie eine der vorgeschlagenen Mittel, Techniken oder Informationen in diesem Buch anwenden, einen Fachmann (einschließlich, aber nicht beschränkt auf Ihren Arzt, Anwalt oder Finanzberater oder einen anderen erforderlichen Berater) zu Rate ziehen werden.

Inhaltsverzeichnis

In diesem Buch gibt es musikalische Beispiele und Audioaufnahmen, denen Sie auf Ihrer Reise zum Erlernen der Kalimba folgen können.

Immer wenn Sie die folgende Gliederung sehen:

Hörbeispiel Nr. 1: C-Dur Tonleiter

Bitte folgen Sie den Aufnahmen über den folgenden Soundcloud-Link oder suchen Sie auf Soundcloud nach "How to play the Kalimba".

https://soundcloud.com/jason_randall/sets/how-to-play-the-kalimba

Kapitel 1
Einleitung und Übersicht

Herzlichen Glückwunsch zu Ihrem ersten Schritt auf Ihrer Kalimba-Reise! Es kann immer schwierig sein, sich für den Beginn von etwas Neuem zu entscheiden, aber die Kalimba ist ein wunderbares Instrument zum Ausprobieren. Sie kann von jedem beherrscht werden, auch von jemandem ohne vorherige musikalische Erfahrung. Die Kalimba hat einen wunderschönen, beruhigenden Klang, der Ihnen Frieden, Freude und Trost bringen wird.

Dieses Handbuch wird alles aufzeigen, was Sie auf Ihrem Weg zur Kalimba-Beherrschung benötigen. Bald werden Sie erstaunt sein, wie sehr Sie in Ihren kreativen Fähigkeiten gewachsen sind.

Was ist die Kalimba?

Die Kalimba ist ein Instrument, das durch seine Zugänglichkeit sowohl in Bezug auf den Preis als auch auf die Schwierigkeitsgrade auffällt. Sie besteht aus einem hölzernen Resonanzkörper und metallenen Tasten, die mit sanftem Druck und durch die Anwendung unterschiedlicher Fingertechniken erstaunliche Klänge erzeugen.

In der modernen Musikgeschichte ist die Kalimba besonders dafür bekannt, in Liedern wie *"Avatar's Love"* aus *Avatar: Der Herr der Elemente* sowie in mehreren Stücken des beliebten Videospiels *Minecraft* vorgekommen zu sein.

Die Kalimba wurde in einer Vielzahl von Musikgenres eingesetzt und ergänzt besonders sanfte, zarte Wiegenlieder mit ihrem wundervollen Klang.

Als Instrument hat die Kalimba eine komplexe Geschichte. In den 1950er Jahren schuf Hugh Tracy eine neue Interpretation der Mbira und nannte sie Kalimba.

Es ist jedoch wichtig zu beachten, dass die Kalimba ohne ihre Verbindung zur Mbira nicht existieren würde; die Kalimba existiert als Instrument heute aufgrund der Kultur, aus der sie abgeleitet wurde.

Mbiras sind eine ganze Familie von Instrumenten, die traditionell zum Volk der Shona in Simbabwe gehören.

Das Design der heutigen Kalimba wurde von einem speziellen Instrument inspiriert, das als **Mbira Nyunga Nyunga** bekannt ist.

Der Name Kalimba stammt von einem Vorläufer der Mbira.

Im Wesentlichen ist die heutzutage am häufigsten verkaufte Kalimba eine westlich beeinflusste Version der musikalischen Mbira-Familie. Und obwohl Hugh Tracys Version wunderschön ist, sollten Sie unbedingt simbabwische Musik anhören, wenn Sie absolut wunderbare, nicht-westliche Musik hören möchten. Oftmals haben Länder einen einzigartigen musikalischen Klang, der mit ihrer Kultur verbunden ist. Die Tatsache, dass es so viele einzigartige Interpretationen eines einzelnen Kernkonzepts von Musik gibt und Emotionen mit dieser Musik erzeugt werden können, ist wunderschön.

Kalimbas werden oft auch als Daumenklaviere bezeichnet, eine größere Unterkategorie von Instrumenten in der **Lamellophon-Familie**. Jedes Instrument in dieser Klassifikationsfamilie zeichnet sich dadurch aus, dass es seinen Klang durch die Verwendung einer Zupf- oder Schlagtechnik erzeugt.

Wenn der Begriff "Daumenklavier" verwendet wird, handelt es sich um eine allgemeine Bezeichnung, um Instrumente wie die Kalimba oder die Mbira zu klassifizieren.

Einige der größten Unterschiede zwischen der Kalimba und der Mbira finden sich in den Art und Weisen, wie sie gestimmt sind. In der afrikanischen Musik werden häufig Hunderte unterschiedlicher Stimmungen verwendet. In der westlichen Musik ist es jedoch üblich, sich einfach an die Dur- oder Molltonleiter für das Stück zu halten, das Sie spielen.

Während Mbiras viele verschiedene Arten und Stile der Stimmung für verschiedene Musikstücke haben können, bleiben Kalimbas (und die Musik für Kalimba) in der Regel diatonisch, was bedeutet, dass Sie wahrscheinlich nicht von der Tonart abweichen werden, in der Sie spielen.

Um ein wirklich gutes Gefühl für die Kalimba zu bekommen, kann es hilfreich sein, die Art von Klang zu hören, von dem sie inspiriert wurde. Dies kann Ihrem Kalimbaspiel und letztendlich dem Klang eine weitere Ebene der Inspiration hinzufügen.

Die Kalimba besteht in ihrer grundlegendsten Form aus zwei Teilen: einem Resonanzkörper und einem Satz metallener Zinken, die gezupft werden, um Klang zu erzeugen.

Der **Resonanzkörper** einer Kalimba besteht in den meisten Fällen aus Holz, jedoch können auch andere Materialien wie Acryl verwendet werden. Es hängt wirklich von der Materialwahl des Herstellers und den individuellen Vorlieben des Spielers für Holz oder Acryl ab.

Die **Zinken** sind eine Reihe von metallenen Tasten, die die Vorderseite der Kalimba bilden. Beim Zupfen erzeugen sie einen klaren, klingenden Ton, der der erwartete Klang der Kalimba ist. Diese Zinken können mit einem Stimmhammer gestimmt und angepasst werden, sind jedoch in der Regel auf die Tonart C-Dur gestimmt. Die meisten neuen Kalimbas sind auf die Tonart C-Dur gestimmt.

Zusätzlich zu den Zinken und dem Resonanzkörper verfügt die Kalimba über viele andere Teile, wie beispielsweise eine Reihe von **Schalllöchern** und eine **Brücke**. Wenn Sie beim Kalimbaspiel fortgeschrittener werden, können Sie lernen, wie Sie diese Teile Ihres Instruments manipulieren, um einen unterschiedlichen Klang zu erzeugen!

Die Kalimba wird in ihrer einfachsten Form gespielt, indem Ihre Finger sanften Druck auf die metallenen Tasten oder Zinken ausüben. Sie setzen gerade genug Druck beim Zupfen ein, um einen Klang zu erzeugen.

Es kann anfangs etwas Zeit in Anspruch nehmen, um ein Gefühl dafür zu bekommen, aber schon bald wird dies zum Muskelgedächtnis.

Sie halten eine Kalimba mit beiden Händen. Die meisten Kalimbas haben eine natürliche Vertiefung in ihrem Körper, damit Sie sie bequem halten können. Indem Sie Ihre Kalimba an den Seiten halten, können Sie mit Ihren Daumen gleichzeitig zwei Noten spielen. Das bedeutet, dass Sie unterhaltsame und schöne Akkordkombinationen und Harmonien mit mehreren instrumentalen Teilen spielen können. Das ist ein Teil des Grundes, warum es als Daumenklavier bezeichnet wird!

Beim Spielen der Kalimba sollten Sie darauf achten, dass Ihre Finger nicht die hinteren Schalllöcher bedecken, da dies die Klangqualität beeinflussen kann. Zusätzlich kann sich die Klangqualität Ihres Instruments ändern oder gedämpft werden, wenn Ihre Kalimba während des Spiels etwas anderes berührt (wie einen Schreibtisch, Tisch oder ein anderes Material). Ich würde empfehlen, Ihre Kalimba nicht mit anderen Gegenständen in Berührung kommen zu lassen, während Sie spielen, um einen wirklich schönen, resonanten Klang aus dem Instrument zu erhalten.

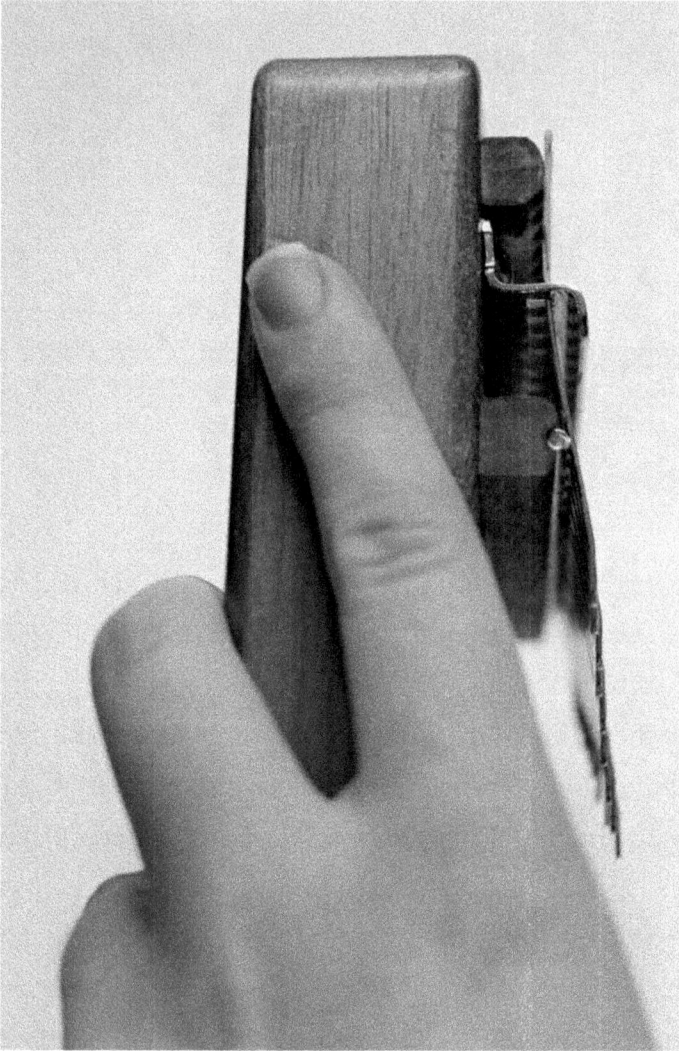

Viele Kalimbas haben heutzutage 17 Zinken. Das bedeutet, dass Sie Zugang zu zwei vollen Oktaven von Noten und einigen Noten in einer dritten Oktave haben werden..

Die ursprüngliche Kalimba, wie von Hugh Tracey entworfen, hatte 15 Zinken. Einige andere können jedoch 10 oder sogar 19 Zinken haben. Es hängt wirklich vom individuellen Instrument, dem Hersteller und Ihren persönlichen Zielen mit dem Instrument ab. Wenn Sie hoffen, komplexere Lieder zu spielen, bedeutet mehr Zinken, dass Sie eine breitere Palette von Musik mit vielfältigeren

Oktaven spielen können. 17 Zinken sind jedoch in der Regel alles, was Sie als Anfänger benötigen. Wenn Sie weniger haben, müssen Sie Ihre Musik möglicherweise gelegentlich an die verfügbare Anzahl von Oktaven anpassen.

Die Mbira wird aus verschiedenen einheimischen Hölzern gefertigt. Afrikanisches Kiat, auch als Mukwa bekannt, war ein gebräuchliches Holz zur Herstellung dieser Daumenklaviere. Einige handgefertigte Kalimbas könnten aus dem gleichen Material hergestellt sein.

Wenn kein afrikanisches Kiat-Holz verwendet wird, kommen ähnliche Harthölzer in Frage. Die Mehrheit der industriell gefertigten Kalimbas wird wahrscheinlich aus Materialien wie

Mahagoni, Kokosnuss, Sandelholz, Bambus, Kalebasse oder Fichte hergestellt.

Der wichtigste Teil Ihrer Kalimba-Struktur ist nicht das Holz, aus dem sie besteht, sondern vielmehr die Qualität des Holzdübels und der Stimmung. Dies wird am Ende des Tages einen größeren Einfluss auf Ihren Klang haben.

Indem Sie Druck auf die Zinken der Kalimba ausüben, werden Schallwellen durch den hölzernen Resonanzkörper und die Klangplatte der Kalimba schwingen. Dies wird den ultimativen Klang Ihres Daumenklaviers erzeugen!

Wenn Sie darauf hinarbeiten, die Kalimba zu beherrschen, werden Sie allmählich besser darin, einen guten Klang zu erzeugen. Indem Sie weiter lernen und üben, stellen Sie sich auf diesem Instrument erfolgreich auf.

Kapitel 2
Auswahl und Kauf des richtigen Instruments

Verschiedene Arten und Merkmale von Kalimbas

Wie bereits erwähnt, gibt es viele verschiedene Arten von Kalimbas. Einige haben 12 Zinken, andere haben 19 Zinken! Manchmal werden Kalimbas auch aus verschiedenen Holzarten hergestellt, haben unterschiedliche Größen oder Materialien. Daher kann es schwierig sein zu wissen, genau welche Marke oder Modell Sie möchten.

Bei Ihrem Kalimba-Kauf sind Ihre Spielabsichten wirklich wichtig für die Auswahl des richtigen Instruments..

Je nachdem, ob Sie mehr aus Freizeitgründen oder beruflich spielen möchten, sollten Sie Ihr Budget festlegen. Hochwertige, handgefertigte Instrumente werden teurer sein, aber auch einen qualitativ hochwertigeren Klang haben.

Wenn Anfänger die Lernkurve des Kalimbaspielens durchlaufen, ist nichts falsch daran, den kostengünstigeren Weg zu gehen und ein industriell gefertigtes Instrument zu kaufen. Solange es einen Klang erzeugt, der Ihnen gefällt, besonders während des Lernens, wird es Wunder für Sie wirken..

Wenn möglich, könnten Sie viele Vorteile aus einer handgefertigten Kalimba ziehen. Diese können auf der teureren Seite liegen, aber die Unterstützung einzelner Künstler und Instrumentenbauer kann einen positiven Einfluss haben und

Ihnen gleichzeitig von Anfang an Zugang zu einem besseren Instrument geben.

Wenn Sie nach Instrumenten aus bestimmten Materialien suchen, sollten Sie sicherstellen, dass Sie das Modell, das Sie in Betracht ziehen, recherchieren. Es ist jedoch wichtig zu beachten, dass der Korpus- und Klangplattenmaterial, insbesondere für einen Anfängerspieler, nicht der wichtigste Teil der Kalimba ist.

Wenn Sie sich eine Kalimba zulegen möchten, sollten Sie sicherstellen, dass das Instrument gute Bewertungen hat. Wenn Sie nirgendwo im Internet jemanden über das Instrument und die Marke sprechen sehen können, sollten Sie es noch einmal überdenken und eine andere Kalimba ausprobieren. Als Anfänger sollten Sie sich für die bestbewertete Kalimba entscheiden, die Ihnen optisch und haptisch zusagt, um sich die besten Erfolgsaussichten zu geben.

Viele verschiedene Online-Shops machen es sehr einfach, Kalimbas online zu kaufen. Dies erleichtert das Musizieren als Hobby für Menschen auf der ganzen Welt erheblich und ermöglicht es immer mehr Menschen, in Zukunft Instrumente wie die Kalimba zu erlernen.

Wenn Sie nicht viel musikalische oder Kalimba-Spielerfahrung haben, würde ich persönlich empfehlen, für Ihr erstes Instrument eine hoch bewertete, hölzerne Kalimba mit 17 Zinken auszuwählen. Diese Modelle sind die Standardversionen und stellen sicher, dass Sie so wenig Einstiegshürden wie möglich haben. Das Lernen mit diesem Modell bedeutet, dass die meisten Kalimba-Musikstücke mit Ihrem Instrument im Sinn geschrieben werden. Außerdem gibt es etwas wirklich Wunderbares am haptischen Gefühl der hölzernen Klangplatte unter Ihren Händen beim Spielen. Das macht das Instrument in meiner Erfahrung besonders angenehm.

Celeste-, Sopran- oder Alt-Kalimba?

Neben der Anzahl der Zinken, dem Holzmaterial und anderen verschiedenen Merkmalen gibt es auch Celeste-, Sopran- und Alt-Kalimbas. Diese Daumenklaviere erhalten unterschiedliche Namen, speziell aufgrund der Oktaven, zu denen sie gestimmt sind. Alt-Kalimbas sind im Allgemeinen eine Oktave unter dem Diskant-Kalimba gestimmt, während das Celeste-Kalimba eine Oktave über dem Diskant-Kalimba gestimmt ist.

Alle drei dieser unterschiedlichen Kalimbas haben ihre eigenen einzigartigen Vorteile, Klangqualitäten und Spielbarkeit.

Die am häufigsten erhältlichen Kalimbas zum Kauf sind die Diskant-Kalimbas. Da sie im Bereich der meisten Musik und des Spielens am gebräuchlichsten sind, befinden sich die 17 Zinken einer Diskant-Kalimba im mittleren Bereich der meisten verfügbaren Musik.

Die **Diskant-Kalimba** scheint eine gute Brücke zwischen den Celeste- und Alt-Modellen zu sein. Es gibt jedoch immer noch Vorteile bei der Verwendung der anderen beiden Varianten von

Daumenklavieren, die verschiedenen Arten von Menschen nützlich sein könnten.

Zum Beispiel ist bekannt, dass die **Celeste-Kalimba** dünner und kleiner ist. Wenn Sie jemand sind, der kleinere Hände hat, wird dieses Daumenklavier für Sie viel einfacher zu halten und zu spielen sein. Dies ist einer der größten Vorteile für einen Anfängerspieler. Wenn Sie jedoch hoffen, das Kalimba in einem professionellen Umfeld zu spielen und das Instrument möglicherweise für Aufnahmen benötigen, ist das Celeste-Kalimba besonders dafür bekannt, eine etwas andere Klangqualität als das Diskant-Kalimba zu haben. Es klingt etwas weicher, was es ideal für Aufnahmen macht und jedem Stück, wenn es richtig verwendet wird, einen sehr schönen Klang verleiht. Einige sagen, dass Celeste-Kalimbas mehr wie eine Spieluhr klingen, während andere sagen, dass sie eher ätherisch klingen.

In vielerlei Hinsicht das Gegenteil des Celeste-Kalimba ist die **Alt-Kalimba** dicker (was sie für Menschen mit größeren Händen einfacher zu benutzen macht) und verfügt über weniger, aber breitere Zinken. Oft erzeugen diese Zinken einen tieferen, weicheren und entspannteren Klang. Dies liegt an der Oktave, in der die Alt-Kalimba spielt, was es sehr leise und sanft für jedes Gehör macht.

Es gibt Vor- und Nachteile für jedes Modell, daher wird die Auswahl einer bestimmten Version des Daumenklaviers letztendlich auf individuelle Vorlieben zurückzuführen sein.

Für Anfänger gibt es jedoch keinen Grund zur Sorge, eine Celeste-oder Alt-Kalimba zu kaufen, es sei denn, dies ist persönlich die Klangqualität, die Sie suchen. Die größte Bandbreite an Vorteilen beim Besitz mehrerer Kalimbas, insbesondere in dieser Lernphase, scheint sich auf die Verbesserung der Aufnahmequalität und/oder auf Menschen mit kleineren oder größeren Händen zu beziehen.

Aber selbst wenn Sie keine Celeste- oder Alt-Kalimba verwenden werden, ist es wichtig, dass Sie sich über alle Teile und Modelle von Kalimbas im Klaren sind, falls Sie jemals ein Upgrade suchen oder etwas Neues ausprobieren möchten. Indem Sie alles über die anderen Modelle wissen, können Sie eine informierte Entscheidung darüber treffen, welche Art von Kalimba Sie spielen möchten.

Kapitel 3
Ihr Instrument kennenlernen

Teile der Kalimba

Kalimbas umfassen mehrere Teile, um den resonanten Klang zu erzeugen, den sie haben. Die grundlegenden Teile jeder Daumenklavier bleiben ähnlich, auch wenn Sie unterschiedliche Modelle, Typen oder Größen haben sollten.

Im Gegensatz zu vielen anderen Instrumenten muss die Kalimba nicht für jede Verwendung montiert oder demontiert werden. Anders als viele andere Instrumente wie Klarinette oder Saxophon benötigt sie keine Rohre. Das macht es für Anfänger viel einfacher, mit dem Kalimba-Spielen zu beginnen!

Die Kalimba besteht nur aus wenigen Teilen, aber jeder von ihnen ist entscheidend für dein Spiel!

Der markanteste Teil der Kalimba ist ihr **Klangkörper**. Wie bereits erwähnt, besteht dieser in der Regel aus Holz, kann aber auch aus Acryl oder anderen Materialien bestehen. Die **Klangplatte** und/oder der Klangkörper beherbergen alle Teile der Kalimba. Je nach Kalimba-Modell kann es Löcher in der Klangplatte geben. Bei den meisten Diskant-Kalimbas wirst du feststellen, dass sich ein Loch in der Mitte des Korpus befindet, mit zwei weiteren auf der Rückseite. Diese Löcher helfen, den resonanten Klang zu erzeugen, der beim Spielen entsteht.

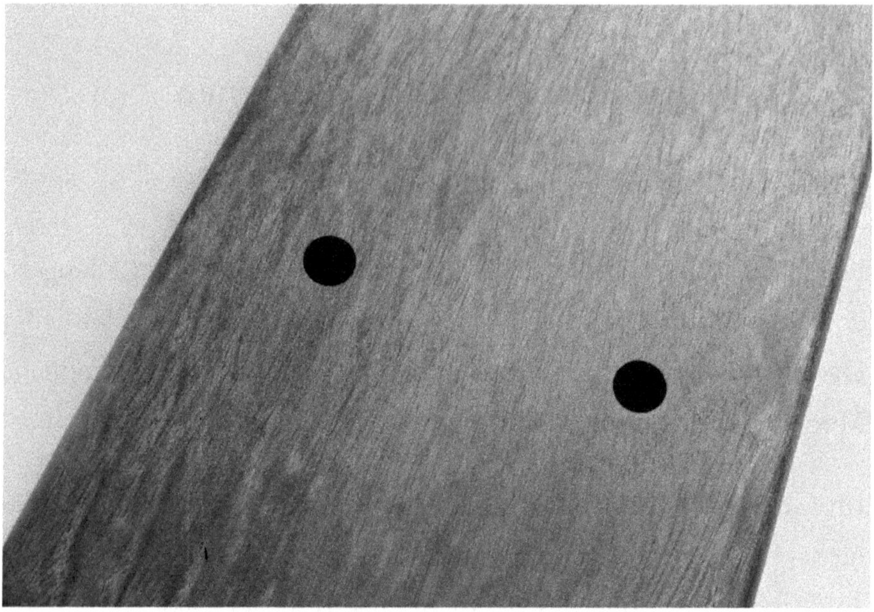

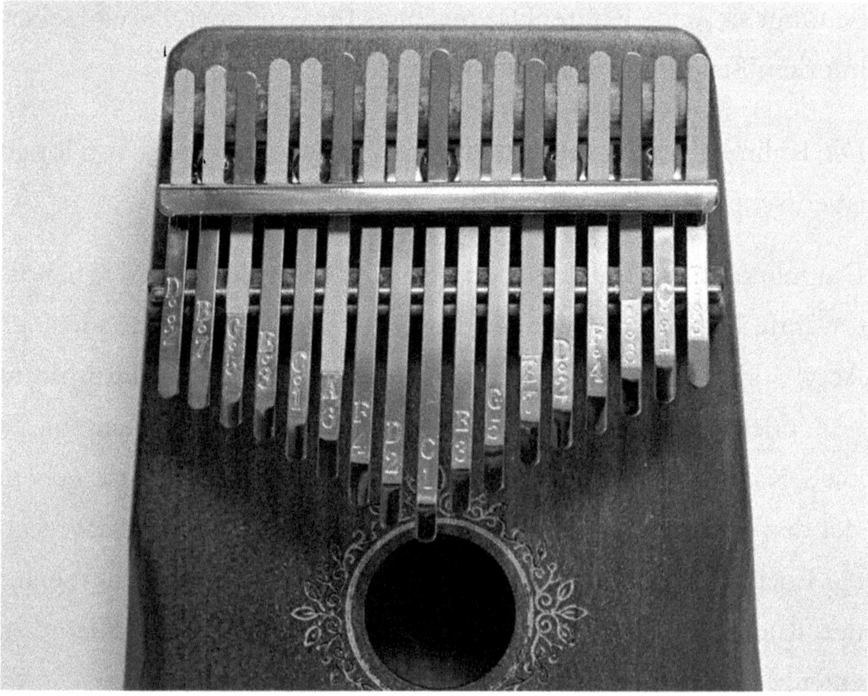

Die **Metallzinken** deiner Kalimba sind der wichtigste Teil für deine Klangqualität und dein Spiel. Daher solltest du darauf achten, dass dieser Teil deines Instruments in gutem Zustand ist, um sicherzustellen, dass dein Kalimba-Spiel gut klingt. Die Pflege der Zinken deiner Kalimba ist unerlässlich; du möchtest diese empfindlichen Teile deines Daumenklaviers definitiv nicht beschädigen.

Deine Kalimba erzeugt Geräusche, wenn du Druck auf die Zinken ausübst. Unter den Zinken oder Tasten befinden sich verschiedene Teile. Der **Steg** ist ein hölzernes Zylinderstück, das sich ganz oben auf den Tasten befindet. Die Zinken ruhen hier gegen das Holz.

Darunter befindet sich die **Z-Halterung**. Dies ist ein Teil, der dazu beiträgt, dass die Kalimba Geräusche erzeugt. Obwohl jeder Teil für die Klangqualität deiner Kalimba wichtig ist, trägt insbesondere der schwingende Balken dazu bei, den resonanten Klang zu erzeugen, der am meisten mit dem Daumenklavier verbunden ist.

Etwas weiter unten am Instrument findest du den **Schalloch** oder das **Soundhole**. Beide Namen können verwendet werden, um diesen Teil des Instruments zu beschreiben, daher ist es wichtig, dies im Hinterkopf zu behalten, wenn du andere Kalimba-Anleitungen liest, die unterschiedliche Bezeichnungen für diesen Teil verwenden können.

Der Steg hilft dabei, die Zinken der Kalimba zu erheben. Er besteht aus einem weiteren Holzstück mit einem Metallzylinder, der mit den Tasten in Kontakt steht.

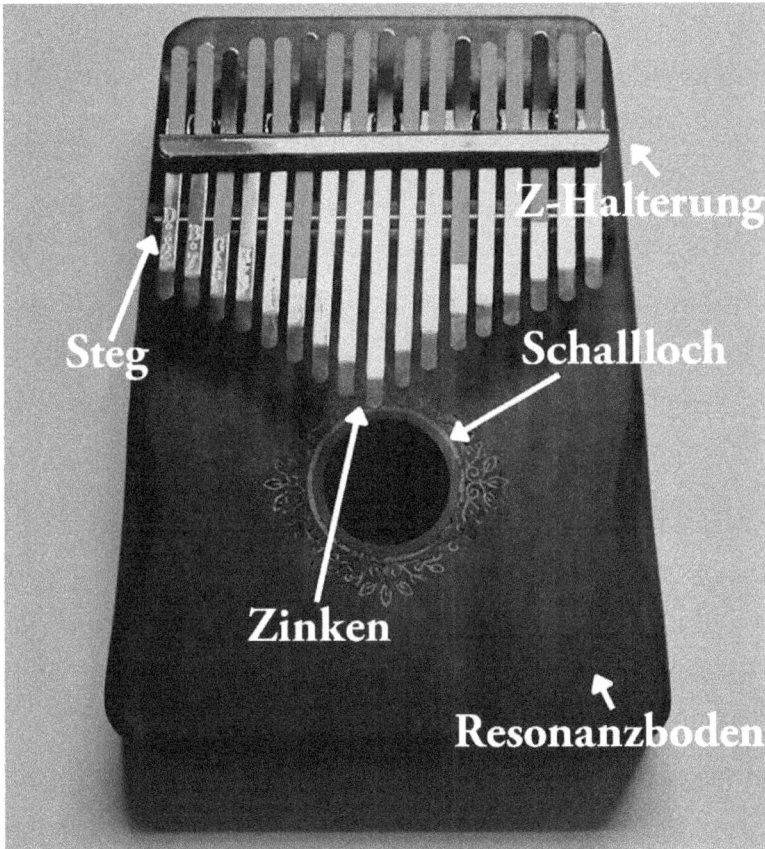

Das Instrument wird größtenteils durch Metallschrauben und Holzleim zusammengehalten.

Pflege der Kalimba

Obwohl ich die Kalimba nicht als grundsätzlich zerbrechliches Instrument bezeichnen würde, ist es wichtig zu bedenken, dass es sicherlich nicht robust ist. Das Fallenlassen oder zu festes Drücken des Instruments könnte langfristig die Qualität deines Instruments beeinträchtigen. Um sicherzustellen, dass deine Kalimba stets in gutem Klang ist, empfiehlt es sich, es an einem Ort aufzubewahren, der vor möglichen Einflüssen geschützt ist.

Es könnte wirklich schädlich für dein Instrument sein, wenn deine Kalimba von einem Haustier, einem kleinen Kind benutzt wird, besonders wenn es dabei unsachgemäß behandelt wird. Obwohl eine Anfänger-Kalimba in der Regel nicht das teuerste (gemessen an Musikinstrumenten) ist, möchtest du dennoch sicherstellen, dass du das Daumenklavier pflegen und seine langfristige Qualität und Schönheit respektieren kannst.

Da die Kalimba in der Regel aus Holz gefertigt ist, ermöglicht das Verlassen des Instruments im Freien Schwankungen in Luftfeuchtigkeit und Temperatur, die möglicherweise die Qualität der Resonanzfläche beeinträchtigen könnten. Indem du deine Kalimba im mitgelieferten Etui aufbewahrst oder ein ähnlich dimensioniertes Etui verwendest, um dein Instrument zu schützen, musst du dir wahrscheinlich keine Sorgen um mögliche Schäden an deinem Daumenklavier machen. Sich um sein Instrument zu kümmern, auch wenn man es gerade nicht spielt, ist eine der wichtigsten Aufgaben eines Musikers!

Nachdem ich die Kalimba gespielt habe, wische ich die Metallzinken gerne mit einem **Mikrofasertuch** ab, um alle Fingerabdrücke zu entfernen. Dies ist rein kosmetisch, aber es hält dein Daumenklavier schön und frisch aussehend. Es ist sicherlich eine persönliche Vorliebe, aber ich finde, dass ein sauberes Instrument mir hilft, beim nächsten Mal, wenn ich mein Kalimba spiele, in eine großartige Stimmung zu kommen. Ich bin immer bereit, mich zu entspannen und Musik zu spielen, ohne mich um Unordnung auf den Tasten zu kümmern.

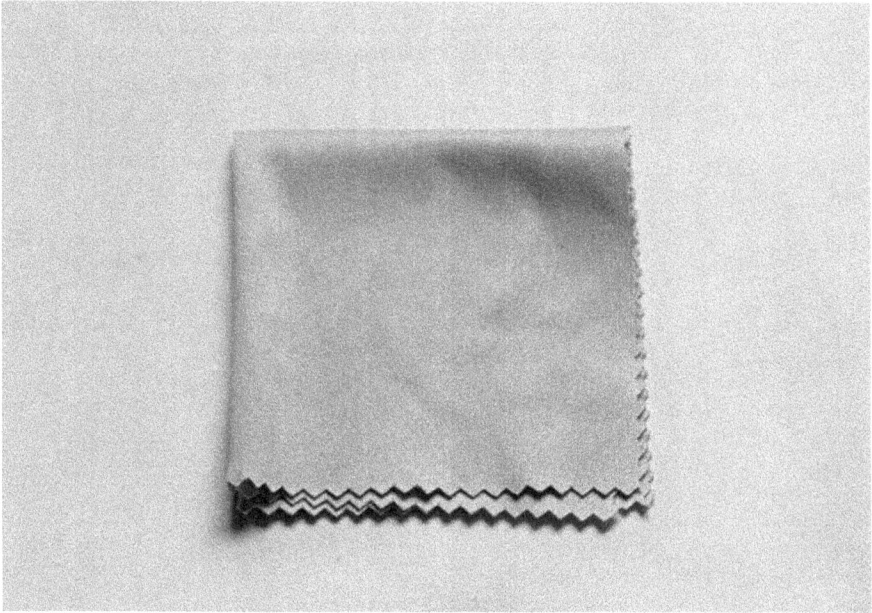

Die Kalimba als Ganzes ist nicht so komplex wie viele andere Instrumente. Es öffnet ein wunderbares Tor in die Welt der Musik für jeden, der zuvor Angst hatte, ein Instrument in die Hand zu nehmen. Mit nur wenigen Teilen, die unglaublich einfach zu pflegen und zu betreuen sind, hat das Kalimba einen wunderschönen Klang, der mit einer Kultur einzigartiger Musik verbunden ist und jedem eine ganz neue Welt der Kreativität und künstlerischen Ausdrucksmöglichkeiten vermitteln kann.

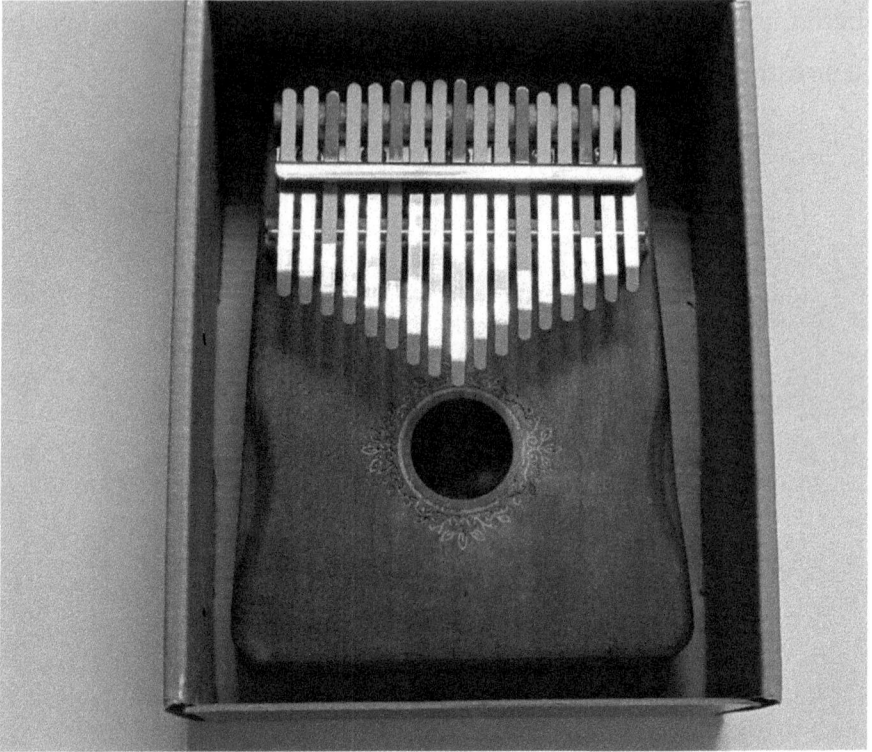

Je vertrauter Sie mit dem Aussehen und Gefühl Ihres Instruments werden, desto mehr werden Sie sich wahrscheinlich darauf freuen zu spielen.

Kapitel 4
Einrichten des Instruments

Behandelte Themen:

- Umgang mit der Kalimba

- Grundlegende Techniken

- Das Daumenklavier stimmen

- Verschiedene Stimmarten

Nachdem Sie nun mehr über das Spielen der Kalimba erfahren haben, sind Sie endlich bereit, Ihr Instrument zu benutzen! Sie haben erfolgreich den Prozess des Kaufs einer Kalimba durchlaufen und stehen nun vor einem ganz neuen Prozess: dem Erlernen des Spielens.

Die Kalimba ist ein großartiges Instrument zum Lernen, selbst wenn Sie zuvor noch nie ein anderes Musikinstrument gespielt haben. Haben Sie keine Angst davor, Fehler zu machen oder sich zuweilen ein wenig frustriert zu fühlen; das alles gehört zu Ihrem musikalischen Wachstum dazu.

Der richtige Umgang mit der Kalimba

Kalimbas sind kein schwieriges Instrument zum Halten. Solange Sie eine erworben haben, die zu Ihrer Handgröße passt, sollten Sie in der Lage sein, die Seiten problemlos zu umfassen.

Indem Sie Ihre Hände um die Vertiefungen und Rillen im Resonanzkörper legen, werden Sie die Kalimba natürlich greifen können. Drücken Sie nicht zu fest auf die Seiten; Sie sollten gerade genug Druck gegen den Körper der Kalimba ausüben, um sich beim Zupfen der Zinken wohl zu fühlen.

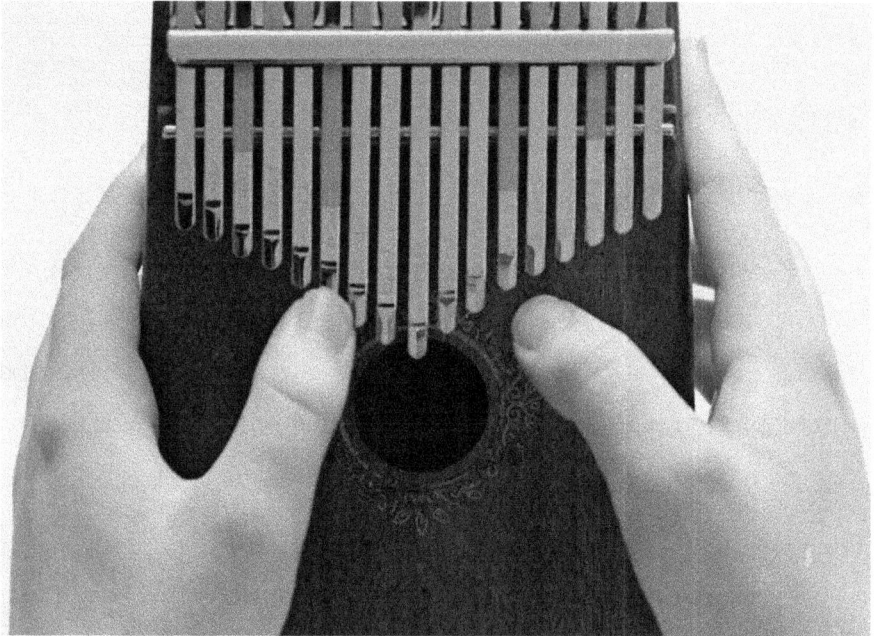

Während Sie Ihre Finger bequem entlang der Rückseite und der Seiten der Kalimba ruhen lassen können, ist es wichtig, dass Ihre Daumen frei und in einer offenen Position gelassen werden, damit Sie sie leicht bewegen können. Ihre Daumen werden die Tasten Ihrer Kalimba zupfen, während die übrigen Finger die Rückseite und die Seiten Ihres Instruments unterstützen werden.

Beim Positionieren Ihrer anderen Finger sollten Sie darauf achten, die hinteren Schalllöcher Ihrer Kalimba nicht zu bedecken. Wenn Ihr Instrument über solche verfügt, kann das Bedecken dazu führen, dass die tiefere, resonantere Klangqualität Ihres Daumenklaviers beeinträchtigt wird. Stattdessen ist es wahrscheinlich einfacher, den Rest Ihrer Finger oberhalb der Schalllöcher zu platzieren.

Manche Menschen spielen die Kalimba, indem sie ihre vier anderen Finger gegen die Rückseite ihres Instruments drücken, während andere möglicherweise ihre Zeigefinger entlang der Seiten des Resonanzkörpers positionieren. Dies liegt wirklich an Ihrer persönlichen Vorliebe und Ihrem Komfort, da es keinen deutlichen Unterschied im Klang erzeugt, egal wie Sie sie benutzen. Bestimmte Musikstücke erfordern möglicherweise eine unterschiedliche Handpositionierung für eine leichtere Bewegung, aber das ist etwas, das Sie im Laufe der Zeit herausfinden werden.

Mit zunehmender Spielpraxis werden Sie sich daran gewöhnen, Ihre Kalimba auf diese Weise zu halten. Obwohl es anfangs vielleicht nicht ganz natürlich erscheint, können Sie sich im Laufe der Zeit leicht an den Griff gewöhnen.

Wenn Sie feststellen, dass es Ihnen schwerfällt, Ihre Kalimba ordnungsgemäß zu greifen, oder allgemeines Unbehagen dabei empfinden (das Halten einer Kalimba sollte nicht unangenehm sein), sollten Sie in Erwägung ziehen, die zuvor erwähnten Modelle von Alto, Treble oder Celeste Kalimbas zu prüfen, um herauszufinden, was am besten für Sie funktioniert. Während es durchaus sein kann, dass die Spitzen Ihrer Daumen nach den ersten Versuchen des Kalimbaspielens empfindlich sind, sollte Ihre gesamte Hand nicht schmerzen. Anhaltende Schmerzen und

Unbehagen könnten bedeuten, dass das Kalimba-Modell, das Sie haben, nicht zu Ihnen passt. In dem Fall sollten Sie in Betracht ziehen, entweder ein anderes Instrument zu suchen oder Möglichkeiten zu erforschen, wie Sie etwaige Beschwerden reduzieren können. Die Kalimba ist ein wirklich unterhaltsames und schönes Instrument, besonders wenn Sie sich beim Spielen wohl und musikalisch fühlen.

Ihr Instrument stimmen

Wenn Sie noch nie ein Musikinstrument gespielt haben, wissen Sie vielleicht nicht, wie der Prozess des Stimmen Ihres Instruments abläuft.

Es gibt mehrere Gründe, warum Sie ein Instrument stimmen. Erstens möchten Sie sicherstellen, dass Ihr Instrument die richtigen Töne spielt, damit Sie Musik präzise produzieren können. Der zweite Grund ist, dass Sie, wenn Sie jemals mit jemand anderem oder mit einem anderen Instrument spielen, dieselben Töne in derselben Stimmung spielen möchten, damit die Noten nicht schlecht zusammen klingen.

Der wissenschaftliche Grund, warum Sie Ihr Instrument stimmen möchten, kann Ihrem musikalischen Verständnis förderlich sein.

Um Töne zu erzeugen, erzeugen Instrumente Schwingungen. Diese **Schwingungen** erzeugen **Schallwellen**, die die Klänge sind, die wir hören werden. Diese werden in **Hertz** gemessen.

Im Wesentlichen können, wenn richtig gestimmt, die Schallwellen dieser Schwingungen konsistent über viele verschiedene Instrumente hinweg sein, was einen angenehmen Klang erzeugt, der nicht dissonant ist.

Wenn Ihre Kalimba verstimmt ist, könnten Sie feststellen, dass es beim Versuch, Lieder zu spielen, nicht ganz zum Originalstück passt. Um dies zu beheben, können Sie Ihr Instrument stimmen.

Um Ihre Kalimba zu stimmen, benötigen Sie **Ihr Instrument, einen Stimmhammer und einen Stimmer.**

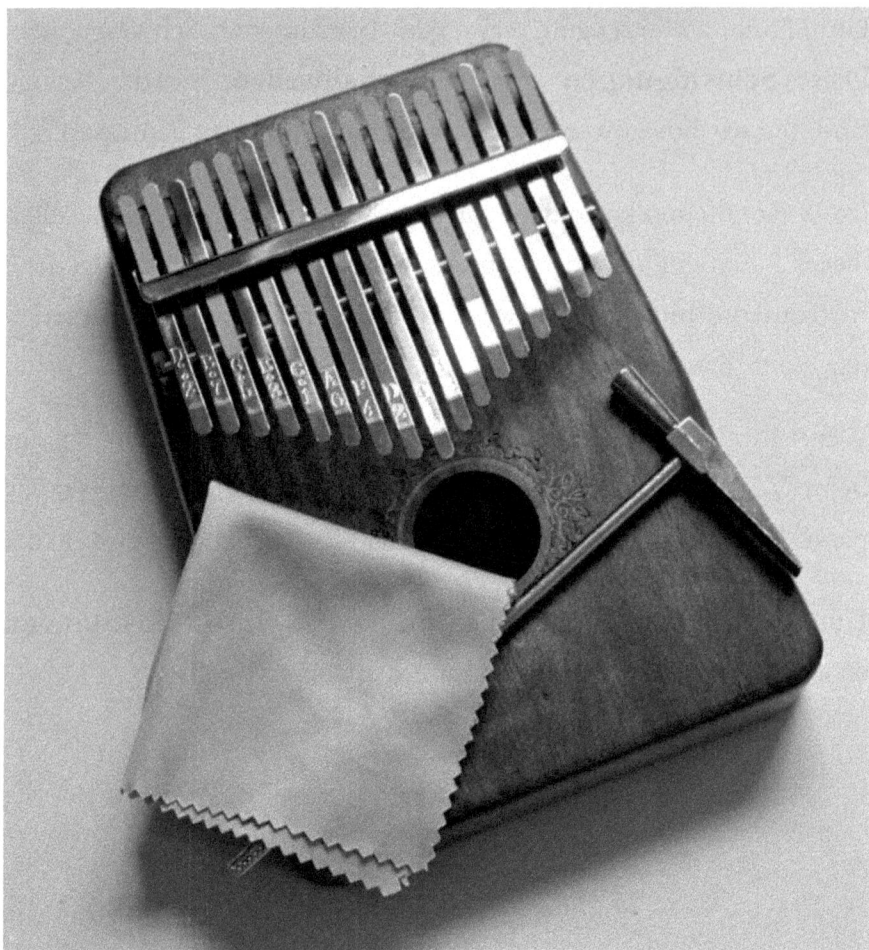

Wenn Sie ein Smartphone haben, können Sie im App Store einen Stimmer finden. Es gibt viele kostenlose Apps, wenn Sie kein Geld für das Stimmen Ihrer Kalimba ausgeben möchten. Ich persönlich benutze einen physischen Stimmer.

Allerdings gibt es keinen wirklichen Unterschied zwischen der Verwendung einer Handy-App oder eines physischen Stimmers, solange er genau funktioniert. Es hängt wirklich von Ihren eigenen Vorlieben für das Stimmen und musikalische Anwendungen ab.

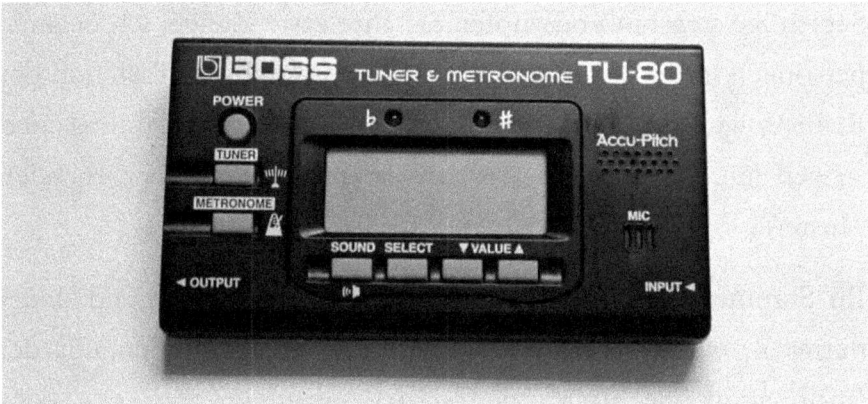

Wenn Sie sich die Zeit nehmen, Ihre Kalimba genau zu stimmen, müssen Sie sie wahrscheinlich eine Weile nicht neu stimmen. Aufgrund der Natur der Kalimba müssen Sie sie nicht auseinandernehmen, um sie zu lagern. Daher bleibt die Stimmung Ihrer Kalimba erhalten.

Die einzige Zeit, zu der Sie die Stimmung Ihrer Kalimba möglicherweise überprüfen möchten, ist, wenn Sie feststellen, dass sie seltsam klingt, seitdem Sie sie das letzte Mal überprüft haben, wenn Sie sie fallen gelassen haben oder die Zinken Ihrer Kalimba irgendwann durcheinandergebracht haben könnten.

Ansonsten sollte Ihre Kalimba für normales Spielen gut geeignet sein

Bevor Sie damit beginnen, das Spielen der Kalimba zu lernen, setzen Sie sich hin, um Ihre Kalimba zu stimmen, um Ihrem Instrument von Anfang an die beste Chance zu geben, großartig zu klingen. Um mit dem Stimmen Ihres Instruments zu beginnen, nehmen Sie Ihre Kalimba, den Stimmhammer und den Stimmer.

Setzen Sie sich hin und zupfen Sie Ihre erste Zunge; ich beginne persönlich in der Mitte und arbeite mich durch die Tasten in der Reihenfolge (die Zinken beginnen normalerweise mit C und steigen auf D, E, F, G usw. in einem hin- und hergehenden Muster).

Ihr Stimmer sollte die Töne, die Sie spielen, erfassen und Ihnen mitteilen, welche Tonhöhe aufgetreten ist, zusammen mit der Information, wie "flach" oder "scharf" sie ist.

Wenn Sie feststellen, dass Ihre Note verstimmt ist, und insbesondere, wenn sie nicht mit der gewünschten Tonhöhe übereinstimmt, die oft auf dem Metall Ihrer Zinken angegeben ist, sollten Sie diese mit Ihrem Stimmhammer anpassen. Einige Menschen verwenden andere Gegenstände wie ihre Hände oder Zangen, wenn kein Stimmhammer verfügbar ist, aber ich finde, dass die Verwendung eines Stimmhammers es mir ermöglicht, mit meinem Daumenklavier feiner und genauer zu arbeiten.

Sie verwenden einen Stimmhammer, indem Sie sanft auf eines der Enden der Zinke tippen, um ihre Position gegen den Steg anzupassen.

Wenn Sie die Tonhöhe der Zinke senken möchten, sollten Sie leicht von oben auf die obere Seite der Metallzunge tippen. Umgekehrt, wenn Sie die Tonhöhe erhöhen möchten, sollten Sie das untere Ende der Zinke nach oben bewegen.

Es wird vorgeschlagen, dass Sie mit der Stimmung Ihrer Kalimba herumspielen, bis alle Ihre Noten perfekt gestimmt sind. Obwohl dies mehr Zeit und Mühe in Anspruch nehmen kann, wird es sich langfristig mit einem klaren Klang und wunderschönen Tönen auszahlen.

Am Anfang ist es nicht unbedingt erforderlich, dass die Stimmung Ihrer Kalimba perfekt ist, aber es hilft, eine gute Grundlage für einen angehenden Musiker zu schaffen, um sich an das Gefühl, den Klang und gut gestimmte Noten zu gewöhnen.

Eine breitere Palette von Stimmstilen

Im Allgemeinen wird die Stimmung eines Instruments am besten als die Beziehung zwischen den gespielten Noten und Tonhöhen beschrieben. Oft werden Kalimbas im Rahmen der westlichen Stimmung auf die Tonart C-Dur gestimmt. Da die Kalimba jedoch nur aufgrund der Musik aus Simbabwe entstanden ist, ist es wichtig, die Stimmbeziehungen von nicht-westlicher Musik und anderen Musikstilen zu erkennen, die Ihr eigenes Spiel inspirieren können.

Die Kalimba ist zwar oft nicht auf verschiedene Tonarten gestimmt, dazu ist sie jedoch in der Lage. Sie haben einen Stimmhammer, der es Ihnen ermöglicht, die Zinken Ihrer Tasten zu bewegen, sodass Sie die volle Kontrolle darüber haben, welche Art von Noten Sie spielen und wann. Dies ermöglicht es Ihnen, eine Vielzahl von Klängen und Musik zu spielen, wenn Sie jemals an solchen Experimenten interessiert sind.

Die **Nyamaropa-Stimmung** ist eine äußerst verbreitete Simbabwische Stimmung. Da sie nicht die gleichen Halb- und Ganztonschritte wie die westliche Musik stimmt, klingt sie leicht anders als ähnliche westliche Beispiele. Die Nyamaropa-Stimmung ist jedoch am ähnlichsten einer **Mixolydian-Skala.** Im Wesentlichen ist eine Mixolydian-Skala eine Tonleiter, die auf dem fünften Grad einer Dur-Tonleiter beginnt. Sie bietet eine einzigartige Vielfalt an Klängen, die ein neues Instrumentengefühl hinzufügen können.

Die Nyamaropa-Stimmung ist bekannt für ihre Verbindung zur Shona-Kultur. Der Klang betont die Möglichkeit mehrerer Personen, zusammen Klang und Musik zu erzeugen. Über die Stimmung hinaus enthält diese Musik viele Polyrhythmen und Gegenmelodien, die sich zu einem faszinierenden, ansprechenden und erstaunlichen Stück vereinen.

Für diese Arten von Aufführungen kann ein einzelnes Instrument nicht immer ein Stück alleine vervollständigen oder aufwerten.

Dambatsoko ist ein weiterer Kalimba- und Mbira-Stimmstil. Bekannt für seine tiefe Stimmung und den vollen Klang, ist die Dambatsoko-Stimmung nach den Ahnengräbern der Familie Mujuru benannt und kommt häufig in ländlichen Gebieten Simbabwes vor.

Die Dambatsoko-Stimmung ist dem **Ionischen Modus** ähnlich, einem Begriff in der westlichen Musik, der die **Dur-Tonleiter** beschreibt.

Katsanzaira ist ein weiterer Stimmstil, der nach der Ruhe vor einem Sturm und dem darauf folgenden Regen benannt ist. Es ist ein schöner Begriff, um diese traditionelle Mbira-Stimmung zu beschreiben, die für ihren süßen Klang bekannt ist.

Diese Stimmung ist dem **Dorischen Modus** ähnlich. In der westlichen Musik wird dies jedoch mit einer leicht traurigen und Moll-Stimmung in Verbindung gebracht. Die Dorische Tonleiter wird in vielen verschiedenen Musikgenres verwendet, um einen mystischen und interessanten Klang zu erzeugen.

Mavembe, auch als **Gandanga-Stimmung** bekannt, ist dem **phrygischen Modus** ähnlich, der für seinen dunklen Klang bekannt ist. Das ergibt Sinn, wenn man bedenkt, wie dieser Stil entstanden ist.

Sekuru Gora behauptet, diese Stimmung geschaffen zu haben, als er auf einer Beerdigung war und dort einen Trauersong mit einem einzigartigen Klang hörte. Er stimmte seine Mbira darauf ab.

Es wird darüber gestritten, ob Sekuru Gora tatsächlich diesen Stimmstil geschaffen hat, aber diese Geschichte passt zum Gefühl und Klang dieser Mbira-Stimmung.

Saungweme ist eine Stimmung mit einem funky Klang, die sich zwischen der **Nyamaropa-Stimmung** und einem **Ganzton-Modus** befindet. Es hat einen schönen Klang, der keine genaue Entsprechung in der westlichen Musik hat.

Obwohl die Kalimba normalerweise nicht über die Tonart C hinaus gestimmt wird, können sie technisch gesehen geändert und modifiziert werden, damit Sie mit all diesen verschiedenen Stimmstilen experimentieren können, wenn Sie möchten. Die Erkundung der simbabwischen Musik und nicht-westlichen Stimmstilen ist etwas, von dem Sie nur profitieren können. Insbesondere wenn Sie sich die Zeit nehmen, die shonische Kultur und musikalische Geschichte zu unterstützen, ohne sie zu westlichen Einflüssen zu machen, werden Sie sicherstellen, dass die Dokumentation dieser musikalischen Stile und Klänge weltweit in Erinnerung bleibt und spürbar bleibt.

Es gibt viele Online-Shops, Websites und historische Aufzeichnungen, die es Ihnen ermöglichen, mehr über die Geschichte Simbabwes mit der Mbira zu erfahren, sie zu kaufen oder zu erkunden. Wenn möglich, sollten Sie sicherstellen, dass Sie die Bewahrung von Geschichte und Kultur unterstützen.

Kapitel 5
Wie man die Kalimba spielt

Behandelte Themen:

- Wie man die Zinken richtig zupft

- Wie man Noten auf der Kalimba spielt

- Wie man Akkorde auf der Kalimba spielt

- Wie man Melodien auf der Kalimba spielt

Nachdem Sie alle Grundlagen durchgegangen sind, können Sie jetzt lernen, wie Sie Ihr neues Instrument spielen. In diesem Kapitel setzen Sie sich hin und fangen an, Ihre Kalimba zu spielen, die nun gestimmt ist und bereit ist, Musik zu machen.

Die Zinken zupfen

Das Erzeugen von Klang auf der Kalimba ist relativ einfach. Indem Sie Ihre Hände gegen den Klangkörper legen, können Sie Ihren Daumennagel verwenden, um an den Zinken zu ziehen. Diese Tasten werden einen Klang erzeugen und somit Ihrer Kalimba ermöglichen, einen schönen, resonanten Klang zu erzeugen. Sie werden feststellen, dass die Klänge nach dem Zupfen der Tasten einige Sekunden lang nachhallen. Etwas, was ich an der Kalimba liebe, ist die Art und Weise, wie sich Klänge vermischen und überschneiden, wenn sie gespielt werden, und so eine absolut wunderschöne Klangqualität erzeugen, die trotz der Vielfalt der spielbaren Noten immer noch eine gewisse Dissonanz aufweist, die in der westlichen Musik nicht häufig zu hören ist.

Wenn Sie daran interessiert sind, Kalimba zu spielen, wird es Ihnen sehr helfen, Ihre Fingernägel wachsen zu lassen, um die Zinken zu zupfen. Sie müssen sie nicht extrem lang wachsen lassen, aber ich habe festgestellt, dass je länger meine Nägel sind, desto einfacher ist es für mich, über einen längeren Zeitraum zu spielen, ohne meine Daumen und anderen Finger zu verletzen.

Es gibt auch andere Techniken, die verwendet werden können. Experimentieren Sie mit Ihrer Technik; es mag vielleicht ungeschickt sein, aber wenn Sie lernen, dieses neue Instrument zu spielen, probieren Sie herum und sehen Sie, ob Sie noch andere hilfreiche Fähigkeiten entdecken können! Die Daumenklavier ist ein Instrument, das Menschen bevorzugt, die mit den

Möglichkeiten ihres Klangs herumspielen und Spaß an seiner vollen Qualität und Resonanz haben.

Häufig müssen Sie, wenn Sie sich dabei finden, auf Ihrer Kalimba mehrere Noten in schneller Folge spielen zu müssen, Ihre Daumen darauf vorbereiten, sich schnell zu bewegen, um die Tasten im Takt Ihrer Musik zu treffen. Je mehr Sie sich an die Kalimba gewöhnen und die Anordnung aller Zinken auswendig lernen, desto einfacher wird es für Sie, sie zu spielen.

Persönlich habe ich festgestellt, dass es ein paar Wochen gedauert hat, bis ich mich mit diesem Instrument wohler gefühlt habe. Nehmen Sie sich also Zeit und setzen Sie sich nicht unter Druck, die Technik sofort perfekt zu beherrschen!

Machen Sie die Kalimba zu Ihrem eigenen Instrument, wenn Sie in den Rhythmus kommen. Spielen Sie es so, wie Sie sich wohl fühlen! Jeder wird dieses Instrument anders spielen; einige Leute entscheiden sich sogar dafür, ihre freien Finger (Mittelfinger, Ringfinger und kleiner Finger) zu verwenden, um perkussive Rhythmen auf der Rückseite des Klangkörpers zu spielen! Die Möglichkeiten sind grenzenlos.

Wie man Noten spielt

Wenn Sie die Zinken der Kalimba richtig zupfen, werden Sie feststellen, dass sie einen Ton erzeugen. Wenn Sie eine industriell gefertigte Kalimba verwenden, wird die Tonhöhe wahrscheinlich auf den Tasten vermerkt sein.

Wenn Sie die Taste mit der entsprechenden Note auf der Zunge zupfen, erzeugen Sie genau diesen Ton.

Es ist jedoch hilfreich zu bedenken, dass die mittlere Note der Kalimba, ganz unten im Bereich Ihrer Kalimba, wahrscheinlich ein C sein wird. Es ist sehr üblich, dass Kalimbas auf diese Weise strukturiert sind.

Da Sie bereits Zugang zu einem Stimmgerät haben, wenn Sie Ihre Kalimba gestimmt haben, können Sie Ihr Stimmgerät auch verwenden, um die Tonhöhe einer bestimmten Taste zu entdecken, wenn Ihre Kalimba sie nicht für Sie markiert.

Aufgrund des einzigartigen Aufbaus der Kalimba entsteht ein resonanter Klang, der das Überlappen mehrerer Noten ermöglicht. Das ist einer meiner Lieblingsaspekte der Kalimba, und es ist etwas, das Sie herausfordern, aber auch zur Musik, die Sie spielen, beitragen wird.

Das Spielen von mehreren Noten in Folge ist eine wichtige Übung, um das muskuläre Gedächtnis für das Spielen der Kalimba zu entwickeln.

Wenn Sie mit dem Spielen beginnen, sollten Sie versuchen, eine kurze Tonleiter zu spielen. Musikalische Tonleitern sind eine Sammlung von musikalischen Noten in aufsteigender Tonhöhe.

Diese Übungen sind wertvoll und können Ihnen helfen, besser mit Ihrem Instrument umzugehen und sich mit der Anordnung der Kalimba vertraut zu machen, was anfangs vielleicht ungewohnt ist. Beginnen Sie damit, die Zinken in dieser Reihenfolge zu zupfen:

C D E F G A B C

oder

1 2 3 4 5 6 7 1

Hörbeispiel Nr. 1: C-Dur Tonleiter

Hier sind die Stufen einer C-Dur-Tonleiter, wobei die angefügten Zahlen anzeigen, welche Note gespielt wird.

Wenn Sie noch nicht wissen, wie man Noten liest, sind diese Tonleitergrade und zugehörigen Noten wertvoll zu lernen. Schrittweise werden Sie immer besser darin, zu wissen, welche

Zahl und/oder Tonhöhe Sie basierend auf der Notenblattmusik oder den KTabs, die Sie betrachten, spielen müssen.

Beim Lernen, wie man Tonleitern spielt, nehmen Sie sich Zeit und üben Sie weiter. Wenn Sie am Anfang sehr langsam sind, ist das in Ordnung! Es ist wertvoll, diese Grundlagen aufzubauen und sich Zeit zu nehmen, um die Tonleitern wirklich zu lernen und zu beherrschen.

Eine weitere unterhaltsame Übung ist die Arpeggio.

Das Arpeggio ist eine musikalische Übung, bei der die Noten eines Akkords auseinander genommen und nacheinander gespielt werden, anstatt alle auf einmal. Sie können in aufsteigender oder absteigender Reihenfolge gespielt werden und sind äußerst wertvoll für Ihr grundlegendes Verständnis von Musik, Musiktheorie und dem Spielen im Allgemeinen.

Versuchen Sie diese Übung:

C E G C* E* G* C** E** C** G* E* C* E G C

or

1 3 5 1* 3* 5* 1** 3* 5* 1 3 5

Hörbeispiel Nr. 2: C-Dur Arpeggios

Sterne können verwendet werden, um eine höhere Oktave anzuzeigen, was bedeutet, dass die Note dieselbe Tonhöhe beibehält, aber auf einem höheren

Niveau liegt. Es könnte entweder die halbe oder doppelte Frequenz der Vibration der Note der mittleren Oktave haben.

Ein Stern bedeutet eine Oktave über dem mittleren C. Zwei Sterne bedeuten zwei Oktaven über dem mittleren C.

Wie man Akkorde spielt

Ein Akkord in der Musik wird am besten als eine Gruppe von Tonhöhen beschrieben, die aus mehreren verschiedenen Noten bestehen. Sie werden alle gleichzeitig gespielt, sodass sie den Klang mehrerer Tonhöhen/Frequenzen gleichzeitig erzeugen.

Akkorde können aus einer Vielzahl von Noten bestehen. Viele Akkorde können unterschiedliche Stimmungen haben, und das ist wichtig für die Qualität Ihrer Musik. Wenn alle Noten zusammenkommen, um einen Klang zu erzeugen, werden Sie feststellen, dass verschiedene Akkordkombinationen zusammenkommen, um eine einzigartige Atmosphäre zu schaffen.

Dur-Akkorde verwenden Teile der Dur-Tonleiter, um einen Klang zu erzeugen, der hell und fröhlicher ist. Die Dur-Tonleiter ist eine häufig verwendete Musiktonleiter, insbesondere in der westlichen Musik. Es ist eine diatonische Tonleiter und besteht aus insgesamt sieben Noten, wobei die achte Note eine Wiederholung der ersten in einer höheren Oktave ist.

Auf der Kalimba wird Ihr Instrument wahrscheinlich auf C-Dur gestimmt sein. Ein C-Dur-Akkord besteht aus drei Noten, die Sie mit Ihrem Daumennagel treffen können, indem Sie Ihren Finger über die Zinken gleiten lassen.

Versuchen Sie, den C-Dur-Akkord zu spielen:

C E G

oder

1 3 5

> **Hörbeispiel Nr. 3:** C-Dur-Akkord

> **Hörbeispiel Nr. 4:** Akkordlauf über C-Dur

Als nächstes versuchen Sie, mit einer schönen Kombination von C-Dur-Noten zu experimentieren. Schauen Sie, ob Sie herausfinden können, wie sie sich auflösen und klingen! Solange Sie eine Vielzahl von C-, E- und G-Noten verwenden, wird es gut zusammen klingen und einen hellen, fröhlichen Klang haben.

Moll-Akkorde verwenden einzelne Noten der Moll-Tonleiter, um einen traurigeren und dunkleren Klang zu erzeugen. Die Moll-Tonleiter ist eine harmonische Version der Dur-Tonleiter. Jede Moll-Tonleiter nimmt den sechsten Ton der jeweiligen Dur-Tonleiter ein. Wenn Sie also ein Stück in C-Dur spielen würden, wäre das relative Moll dazu A-Moll.

Auf der Kalimba können Sie auch in der Tonart A-Moll spielen. Beachten Sie, wie sich der Klang eines A-Moll-Akkords in Qualität und Klang unterscheidet. Probieren Sie es aus!

A C E

oder

6 1 3

> **Hörbeispiel Nr. 5:** Ein Moll-Akkord

> **Hörbeispiel Nr. 6:** Akkordlauf über a-Moll

Obwohl auf der Kalimba eine deutlich größere Anzahl von Akkorden gespielt werden kann, sind dies einige der bekanntesten in der westlichen Musik. Ein gutes Verständnis dieser Akkorde wird Ihnen in zukünftigen Stücken, die Sie spielen, von Nutzen sein. Setzen Sie das Üben der Fertigkeiten des Akkordspielens fort, um in der Zukunft immer komplexere Lieder spielen zu können.

Wie man Melodien spielt

In der Musik ist eine Melodie eine Abfolge von Noten und Tonhöhen, die letztendlich zusammenkommen, um einen Klang zu erzeugen, der, je nach Zweck, seine Wirkung erzielt. Zum Beispiel werden einige Lieder geschrieben, um fröhlich zu sein, und müssen daher anders aufgelöst werden als ein trauriges Lied.

51

Musik besteht in der Regel aus einer Vielzahl verschiedener Akkorde, Harmonien und Gegenmelodien, die alle zusammenkommen, um musikalische Ideen auszutauschen. Dieser Ideenaustausch, der alle gleichzeitig stattfindet, ergibt ein Lied oder eine Melodie.

Als Kalimba-Spieler/in haben wir mehr Möglichkeiten zur Melodiebildung als viele andere Instrumente. Zum Beispiel kann man mit der Kalimba mehrere Zinken auf beiden Seiten des Instruments gleichzeitig zupfen, man kann mit den Fingern auf der Rückseite des Instruments perkussive Rillen erzeugen, und ein Spieler kann zu seinem Spiel summen oder singen, um ein komplettes und schönes musikalisches Erlebnis zu schaffen.

Da Sie möglicherweise noch nicht wissen, wie man Noten oder Ktabs liest, kann es schwierig sein, zu verstehen, wie sich eine Melodie in der Musik ausdrücken könnte.

Im Allgemeinen enthalten Melodien (vor allem in der Klassik oder in Musik, die sich näher an der Musiktheorie orientiert) Noten innerhalb einer bestimmten Dur- und/oder Molltonleiter, die die Stimmung des Stücks beeinflussen und die Akkorde und Auflösungen erzeugen. Es gibt zwar nur eine bestimmte Anzahl von Noten auf der Welt, aber es gibt so viele verschiedene Rhythmen und Möglichkeiten, wie diese Noten auf ein Stück Papier übertragen werden können, um ein einzigartiges Musikstück zu schaffen.

Der musikalische Rhythmus zeigt, wie der ursprüngliche Komponist oder Arrangeur das Stück spielen wollte. Oft kann schon das kleinste Zögern oder die kleinste Pause ein Musikstück entweder abschwächen oder aufwerten. Als Musikschülerin oder Musikschüler ist es Ihre Aufgabe, sich über alle Möglichkeiten zu informieren, wie Sie in Zukunft mit Ihren eigenen Liedern und Melodien herumspielen und sie phrasieren können.

Um Ihre musikalische Phrasierung zu testen, versuchen Sie, mit dieser Sammlung von Noten herumzuspielen und zu sehen, ob Sie eine ansprechende Melodie in diesem kurzen Stück finden können, das ich unten in Tonleitern geschrieben habe.

G F G D* C* D* C* B G A B A B A

oder

5 4 5 2* 1* 2* 1* 7 5 6 7 6 7 6

Hörbeispiel Nr. 7: Tonleiter-Lied

Keine Sorge, wenn Sie am Anfang Probleme mit dem Spielen von Melodien haben. Wenn Sie sich mit den Zinken Ihrer Kalimba und ihrer Position auf dem Instrumentenkörper vertraut machen, werden Sie feststellen, dass es immer einfacher wird, komplexere Melodien zu spielen.

Wie bei allen Instrumenten braucht es Zeit und Übung, um sich zu verbessern.

Auch wenn es manchmal sehr frustrierend ist, bietet es Ihnen auch eine wunderbare Chance.

Auch wenn Sie anfangs Schwierigkeiten haben, wird der Tag kommen, an dem Sie das schönste Musikstück fertig gespielt haben, und Sie werden zurückblicken können, wo Sie angefangen haben, und sehen, wie sehr Sie gewachsen sind.

Kapitel 6
Notenlesen und Musiktheorie

Tabulaturen (Ktabs)

Die **Tabulatur** ist in ihrer grundlegendsten Form eine weitere Möglichkeit, Musik zu lesen, die speziell für die Denkweise von Kalimba-Spielern entwickelt wurde. Selbst erfahrene Kalimba-Spieler oder Musiker finden es möglicherweise schwierig, Noten ohne Übung zu lesen und zu spielen. Die Tabulatur richtet sich direkt an die Bedürfnisse und Denkprozesse, die beim Spielen der Kalimba auftreten.

Wenn Sie versuchen, etwas zu lernen, aber Ihre Hände es mit Noten nicht ganz verstehen, kann Ihnen oft die Tabulatur oder Ktabs dabei helfen.

Obwohl es als Anfänger im Kalimba-Spiel nicht unmöglich ist, Noten zu lesen, ist es etwas anspruchsvoller. Daher kann es hilfreich sein, sich zunächst Zeit zu nehmen, um mit Ktabs zu arbeiten, bevor Sie sich an Noten wagen. Dies ist auch nützlich, da alle Musik in Ktabs speziell für das Kalimba geschrieben ist, was es deutlich anfängerfreundlicher macht.

Zusätzlich berücksichtigt die Tabulatur den Denkprozess des/der Kalimba-Spielers/in während des Spiels. Während Noten keine Rücksicht darauf nehmen, wie wir das Kalimba denken und visualisieren müssen, tun dies Ktabs. Da wir zwei Daumen verwenden, müssen wir beide kontrollieren und uns daran erinnern, wo sich alle unsere Noten/Zinken befinden. Auch wenn dies im Laufe der Zeit zu Muskelgedächtnis wird, kann es für Anfänger und alle, die hoffen zu lernen, eine frustrierende Einstiegshürde darstellen, die mit der Einführung von Ktabs reduziert werden kann.

In der Zukunft ist es hilfreich, das Lesen von Noten zu erlernen, da es die universellste Musiksprache ist, jedoch ist dies nicht von Anfang an zwingend erforderlich.

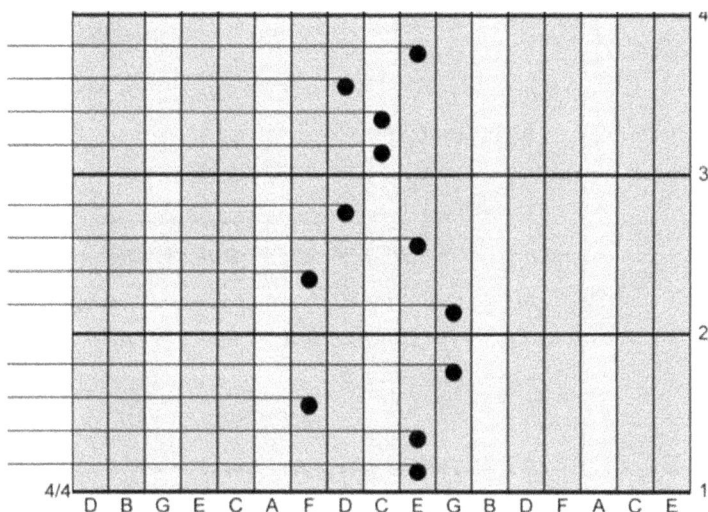

In der Tabulatur ist die dicke, schwarze Mittellinie ein visueller Indikator für die linke und rechte Seite des Instruments. Sie hilft, das Instrument in zwei Hälften zu teilen und anzuzeigen, welche Daumen welche Seiten des Instruments abdecken sollten.

Eine Taktangabe wird durch eine waagerechte schwarze Linie angezeigt, die durch das gesamte Instrument verläuft. In musikalischer Hinsicht ist ein Takt eine kleine Untereinheit der Zeit, die einen Teil des größeren Musikstücks ausmacht. Oftmals fügen sich mehrere Takte zusammen, um eine musikalische Phrase zu bilden.

Eine Phrase kann ein Teil einer Melodie oder eines Liedes sein, der zusammengefasst ist. In modernerer Musik, insbesondere in Pop-Songs, umfasst eine Phrase in der Regel entweder 4 oder 8 Takte.

In Ktabs ist es wichtig sicherzustellen, dass Sie die Noten von unten nach oben lesen. Die Symbole auf den Zinken geben an, welche Zinken gezupft werden sollen und wie lange Sie warten müssen, bevor Sie die nächste Note spielen. Ktabs sind deutlich in Bezug auf das musikalische Timing und folgen den gleichen Rhythmus-Notationsmustern wie Noten.

Whole Note   Half Note   Quarter Note   Eighth Note

Hörbeispiel Nr. 8: Noten- und Rhythmuslänge halten

Hier sind einige grundlegende Rhythmen, die Sie wahrscheinlich in Ihren ersten Ktabs sehen werden. Alle haben einzigartige Zählungen, die ihnen zugeordnet sind, verwenden jedoch ähnliche Grundstrukturen für ihre individuelle Zählweise.

Die **Ganze Note** erhält 4 Schläge, was bedeutet, dass Sie, wenn Sie eine Ganze Note auf dem Kalimba spielen, die zugeordnete Zunge am Schlag 1 zupfen und dann bis zum Ende von Schlag 4 warten, um Ihre nächste Zunge zu zupfen.

Die **Halbe Note** ist passend benannt und erhält die Hälfte der Zeit der Ganzen Note. Sie wird 2 Schläge gegeben, während die **Viertelnote** 1 Schlag und die **Achtelnote** einen halben Schlag erhält.

Wenn Sie damit beginnen, Rhythmen mit Liedern zu lernen, die Ihnen bereits vertraut sind, wird es für Sie einfacher sein, die angehängten Schlagwerte mit dem Aussehen bestimmter Notenstiele und Rhythmen zu verbinden.

Versuchen Sie, dieses Stück in Tabulatur zu lesen, und schauen Sie, ob Sie herausfinden können, um welches Lied es sich handelt.

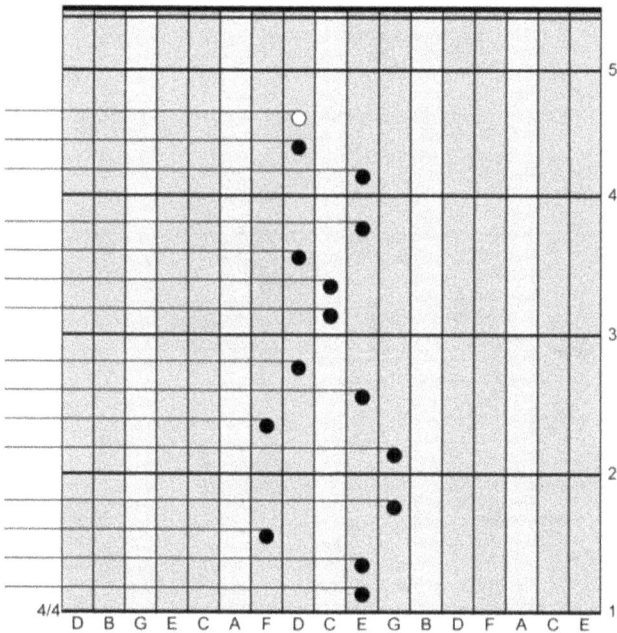

Hörbeispiel Nr. 9: Ode an die Freude (Ktabs-Version)

Wenn Sie auf "Ode an die Freude" von Beethoven getippt haben, dann liegen Sie richtig!

Das ist ein klassisches Stück, das die meisten Menschen lernen, wenn sie ein neues Instrument beginnen. Daher schien es notwendig, es hier einzubeziehen. Darüber hinaus ist es auch einfach ein leichtes Stück, das einem neuen Spieler wirklich helfen kann, sich in die Bewegungen und das Gefühl seines Instruments einzuarbeiten.

Die Fähigkeit, Tabulatur zu lesen, ist eine wertvolle Fertigkeit. Es ist eine Karte Ihres Kalimbas, die Ihnen hilft, sich daran zu gewöhnen, wo Ihre Daumen sein müssen, während Sie spielen.

Wenn Sie weiterhin mit Ktabs experimentieren möchten, versuchen Sie dieses Lied:

Hörbeispiel Nr. 10: Jingle Bells

Wie man Noten liest

Das Lesen von Noten (und das wirklich gut zu können) ist in vielerlei Hinsicht vergleichbar mit dem Erlernen einer neuen Sprache. Obwohl es wahrscheinlich nicht so viele Jahre dauern wird, um darin versiert zu werden, ist Musik eine Fertigkeit, die im Laufe der Zeit gemeistert werden kann. Es ist ein Muskel, der trainiert und gestärkt werden kann, wenn Sie bereit sind, damit zu arbeiten.

Wenn Sie Noten betrachten, gibt es wahrscheinlich eine Sache, die Sie über allem anderen zuerst entdecken werden: den Notensystem.

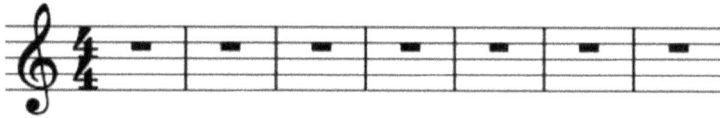

Es sieht so aus und behält die grundlegenden Strukturen bei, auf denen alle möglichen Musikstücke und Lieder aufgebaut werden können. Dies ist ein Format, an das Sie sich im Laufe der Zeit sehr gewöhnen werden, auch wenn Sie es noch nicht vollständig verstehen.

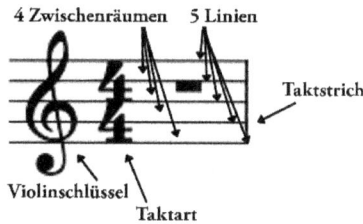

Das Notensystem besteht aus **fünf Linien und vier Zwischenräumen**. Musiknoten werden auf diesen Linien oder innerhalb der Zwischenräume platziert, um anzuzeigen, welche Note gespielt werden soll.

Manchmal kann das Lesen von Kalimba-Noten kompliziert sein, aufgrund der Art und Weise, wie das Instrument gebaut ist. Es kann einige Zeit dauern, die ansonsten "hin und her" verlaufende Natur der Zinken in die sehr lineare Progression des Notensystems zu übersetzen.

Kalimba-Musik wird in der Regel im **Violinschlüssel** (Treble Clef) notiert. Das ist das Symbol, das den Anfang jeder Linie notiert. Dieses Symbol ist wichtig, um Ihnen beizubringen, wie man Musik liest. Andere Instrumente können Teile im Altschlüssel oder Bassschlüssel haben, aber das ist beim Kalimba nicht üblich, daher konzentrieren wir uns auf den Violinschlüssel.

Mit dem Violinschlüssel lesen und spielen Sie die Noten so, wie sie direkt auf Ihrem Kalimba geschrieben sind. Zum Beispiel, wenn die Noten Sie auffordern, auf Ihrem Kalimba ein C zu spielen, spielen Sie ein C. Bei einigen anderen Instrumenten und Schlüsseln ist möglicherweise eine Übersetzung erforderlich, aber nicht beim Kalimba.

Am Ende jeder Note erscheint auch eine Taktstrich. In der tatsächlichen Notennotation gibt die Taktart die Länge des Takts an, indem sie die Anzahl der Schläge pro Takt angibt.

Taktstriche und Violinschlüssel sind wichtige Elemente in der Musik. Es sind keine Elemente in der Notennotation, die gespielt werden müssen, sondern Faktoren, die Ihr Spiel beeinflussen werden.

Noten lesen

Die Kalimba, insbesondere maschinell hergestellte Einsteiger-Kalimbas, werden in der Regel mit der **Tonart C-Dur** im Hinterkopf gefertigt. Das bedeutet nicht, dass Sie Ihre Zinken nicht in verschiedene Tonarten stimmen können, aber als Anfänger werden Sie wahrscheinlich auf Noten beschränkt sein, die keine Vorzeichen verwenden.

Als jemand, der ein paar Instrumente gelernt hat, denke ich, dass dies ein großartiger Anfang ist: Sich mit den Grundnoten Ihrer Kalimba vertraut zu machen, wird langfristig positive Auswirkungen auf Ihr Spiel haben.

Es kann eine Weile dauern, alle Namen und Positionen der Musiknoten zu lernen. Mit viel Übung werden Sie jedoch in der Lage sein, Musik anzusehen und sofort zu wissen, welche Zunge auf der Kalimba gezupft werden soll. Viele Menschen verwenden Eselsbrücken und Tricks, um sich am Anfang an die Noten zu erinnern, und dann wird es zu einem Muskelgedächtnis.

Da es auf dem Notensystem fünf Linien und vier Zwischenräume gibt, können Sie die Noten zwischen Linien und Zwischenräumen aufteilen, während Sie lernen.

Ein großartiger Trick zum Memorieren der Namen der Noten in den Zwischenräumen ist **"FACE"** ("Gesicht" auf Englisch), was für jede einzelne Tonhöhe in aufsteigender Reihenfolge steht.

F A C E

Auf jeder der fünf Linien des Notensystems ist auch eine individuelle Note zugeordnet. Diese Noten sind **E, G, B, D und F**, beginnend am unteren Ende des Notensystems und nach oben gehend. Da diese Noten kein Wort ergeben, verwenden Menschen häufig die Eselsbrücke: "Edle Gäste Bringen Dir Freude".

E G B D F

Diese Eselsbrücken werden Ihnen helfen, sich immer besser mit dem gesamten Notensystem vertraut zu machen. Je mehr Sie sich an diese Noten und ihre Position gewöhnen, desto leichter wird es, sie zu identifizieren.

Es kann jedoch zu Beginn schwierig sein zu wissen, welche Note Sie lesen, und das ist in Ordnung! Üben ist ein wichtiger Bestandteil jeder Kunstform. Wenn Sie nicht üben, werden Sie Schwierigkeiten haben, Verbesserungen zu erzielen und sich im Laufe der Zeit zu verändern.

Wenn es Ihnen schwerfällt, sofort zu lernen, Noten zu erkennen und zu lesen, ist ein hilfreicher Anfängertipp, den Namen der Noten unterhalb des Notensystems zu schreiben. Mit zunehmender Verknüpfung von Noten mit ihrer Position werden

Sie schließlich in der Lage sein, Musik zu spielen, ohne die Noten und Tonhöhen aufschreiben zu müssen.

Scharfe und B-Ton (Vorzeichen)

Beim Spielen der Kalimba müssen Sie sich wahrscheinlich keine Gedanken über Kreuze oder Be-Töne in der Musik machen, da diese Instrumente in der Tonart C-Dur gestimmt sind (die keine Kreuze oder Be-Töne hat).

"Scharfe" (#) und "B-Töne" (b) werden auch als Vorzeichen bezeichnet. Grundsätzlich können sie die Tonhöhe einer Note um einen Halbton erhöhen oder erniedrigen.

In Noten werden B-Töne durch ein kleines 'b' notiert, was bedeutet, dass sie einen Halbton "niedriger" als das natürliche Intervall sind. Scharfe werden umgekehrt durch ein Symbol notiert, das einem Rautenzeichen oder Hashtag ähnelt. Diese sind einen Halbton höher als ihre Ganzton-Gegenstücke.

Da die Kalimba (insbesondere die meisten Einsteigermodelle) keine einfache Möglichkeit bietet, Scharfe oder B-Töne zu spielen, müssen Sie sich darüber keine Gedanken machen.

Wenn Sie ein Stück mit Scharfen oder B-Tönen spielen möchten, müssen Sie Ihr Instrument auf eine andere Tonart stimmen. Dies ist eine fortgeschrittenere Kalimba-Technik, die später behandelt wird.

Allerdings wurden Scharfe und B-Töne aufgrund ihrer Bedeutung in der Musik hier besprochen. Aufgrund der Natur der Kalimba werden Anfänger wahrscheinlich nicht sofort mit Scharfen und B-Tönen aktiv in Berührung kommen.

Für Ihr Anfängerspiel schlage ich vor, dass Sie sich auf Stücke in der Tonart C-Dur oder a-Moll konzentrieren, für die die Kalimba am besten geeignet ist.

Tonartvorzeichen

Während Scharfe und B-Töne manchmal neben einzelnen Noten zu finden sind, werden sie am häufigsten in der **Tonartvorzeichen** gesetzt. Diese befindet sich am Anfang des Stücks und wird neben den Violinschlüssel gesetzt, um anzuzeigen, in welcher Tonart das Stück gespielt wird.

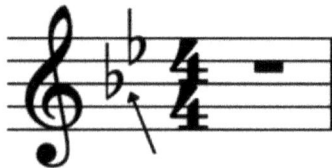

Diese Tonartvorzeichen sind zwei B-Töne.

Das B-Ton-Vorzeichen erscheint auf dem Notensystem, um anzuzeigen, welche Noten b (oder #-Töne, je nach Tonart) sein werden. Dieses Vorzeichen hat ein B und ein Es, was darauf hindeutet, dass die Tonart dieses Stücks B-Dur ist.

Die meisten Kalimbas sind nicht auf diese Tonart gestimmt. Wenn Sie nach guter Kalimba-freundlicher Musik suchen, sollten Sie nach Stücken suchen, die zu Beginn oder während des Stücks keine Scharfe oder B-Töne haben. Dies macht es zu Beginn zugänglicher und einfacher zu verstehen.

Wenn Sie damit beginnen, komplexere Musik zu lesen, wird sich die Tonartvorzeichen ändern. Sich daran zu gewöhnen, die Tonartvorzeichen zu lesen und zu verstehen, ist etwas, das Sie im Laufe der Zeit lernen werden.

Taktarten

Eine weitere Notation, die Sie am Anfang jedes Stücks finden werden, ist die **Taktart**. Diese bestimmt, wie viele Schläge es in jedem Takt gibt und welche Notenart den Schlag der Musik erhält.

Die Taktart sieht ein wenig wie eine Bruchzahl aus, mit einer Zahl oben auf der anderen.

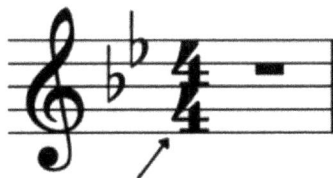

4/4 ist eine äußerst häufige Taktart und eine, die Sie als Anfänger wahrscheinlich am häufigsten erleben werden. Wenn Sie es aussprechen, sagen Sie diese Taktart als "Vier, Viertel".

Beim Lesen der Taktart eines Musikstücks gibt Ihnen die obere Zahl die Anzahl der Noten in einem bestimmten Takt an. Die untere Zahl gibt an, welche Notenart den Schlag erhält.

Da dieses Stück in 4/4 ist, gibt es insgesamt **4 Schläge in einem bestimmten Takt**. Und da die untere Zahl 4 ist, bedeutet das, dass **die Viertelnote den Schlag erhält**. Es wird also vier Viertelnoten in jedem Takt geben, wobei jede Viertelnote einen musikalischen Schlag einnimmt. Am Ende des Takts wird es eine Taktstrich geben.

Die Taktart ist entscheidend, um Ihnen zu helfen, sich durch den Rhythmus Ihrer Musik zu bewegen. Selbst wenn Sie noch nicht vollständig verstehen, wie Sie den Rhythmus Ihrer Musik sonst zählen sollen, ist es möglich, den Zählprozess umzukehren, um herauszufinden, wie der Rhythmus Ihrer Musik von Ihrer Taktart sein wird.

Zusätzlich zur 4/4-Taktart gibt es viele andere Taktarten. **3/4** ist eine weitere häufige Taktart, was bedeutet, dass es in jedem Takt 3 Schläge gibt, wobei der Schlag der Viertelnote gegeben wird.

Es gibt auch einige andere Taktarten, die viel fortgeschrittener sind. Signaturen wie 6/8 und 3/2 sind ebenfalls in der Musik zu finden, obwohl sie nicht so häufig vorkommen.

Nun, da Sie die Grundlagen des Lesens und Betrachtens von Noten kennen, können Sie mehr darüber lernen, wie Sie diese Ideen in Ihre Kalimba-Spieltechniken integrieren können.

Das Zählen der Rhythmen

Unabhängig davon, welche Art von Musik Sie gerne hören, wird es fast immer einen Rhythmus geben. Einige Songs und Musikstrukturen legen so viel Wert auf ihren Rhythmus, dass sie alle Arten von Melodien und musikalischen Ideen miteinander verbinden können.

Am Anfang von Rhythmen und dem Zählen von Rhythmen steht der Beat. Als Kalimba-Spieler ist es wichtig, dass Sie den Beat eines Songs finden und aufrechterhalten können. Die Fähigkeit, einen stabilen Beat und Rhythmus aufrechtzuerhalten, ist entscheidend. Dies ist eine wichtige Grundlage, auf der der Rest Ihrer Musik aufbauen kann.

Die Fähigkeit, ein Stück Musik zu "spüren", bedeutet, dass Sie den Beat finden und dem Fluss des Stücks folgen können, während es durch seine Phrasen geht.

Eine großartige Möglichkeit, das Gefühl für den Beat von Musik zu verbessern, ist das Anhören einiger Ihrer Lieblingssongs und das Versuchen, mit dem Stück mit dem Fuß mitzutappen oder zu klatschen. Sehen Sie, wie Sie sich natürlich in die Musik einfügen können! Dies ist eine Möglichkeit, immer tiefer in die Grundlagen der Musik einzusteigen.

Mehr über Rhythmen zu wissen, ermöglicht es Ihnen, eine breitere Vielfalt von Musik zu spielen; dies ist einer der wichtigsten Teile beim Erlernen des Lesens und Beherrschens von Noten oder Ktabs (Tabulatur). Die gleichen Rhythmen finden sich in nahezu jeder Art von Musik, unabhängig von der Schwierigkeit oder dem Stil.

Hier sind einige der häufigsten:

| Ganze Note | Halbe Note | Viertelnote | Achtelnote |

Beim Lesen des Rhythmus eines Stücks ist es wichtig, ein gutes Verständnis für die Taktart zu haben. Ich schlage vor, dass Sie Ihre Rhythmen zu Beginn mit einem Bleistift notieren; das Wissen um Ihre Taktart wird Ihnen die Gesamtanzahl der Schläge in einem Takt anzeigen und Ihnen helfen, sicherzustellen, dass Sie keine Fehler gemacht haben.

Bei der Beschreibung des musikalischen Rhythmus wird jedem Schlag eine Zahl zugewiesen. Im untenstehenden Beispiel erhält die Viertelnote den Schlag, was bedeutet, dass eine Viertelnote einen Schlag erhält. Und da es auch in 4/4-Takt ist, wird es vier Schläge in einem Takt geben.

Das bedeutet, dass der Rhythmus dieses Stücks gezählt wird: 1-2-3-4, 1-2-3-4, 1-2-3-4. Die Geschwindigkeit des Rhythmus wird in der Regel vom Komponisten notiert, aber in diesem Fall können Sie in beliebiger Geschwindigkeit spielen.

Eine Halbnote erhält zwei Schläge. Sie sieht ähnlich aus wie eine Viertelnote, ist jedoch nicht schwarz gefärbt.

Beim Spielen einer Halbnote halten Sie den Ton für 2 Schläge. Für die Kalimba bedeutet dies, dass Sie die Zunge mit Ihrer Halbnote auf dem Schlag zupfen und die Kalimba für den Rest der Dauer der Halbnote natürlich klingen lassen. Danach können

Sie weitermachen. Eine Ganze Note erhält vier Schläge. Eine Ganze Note sieht aus wie ein offener Kreis. Sie hat keinen Schaft, das ist die nach unten verlaufende Linie, die bei Viertelnoten und Halbnoten zu sehen ist.

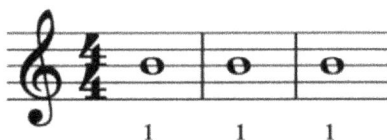

Auf der Kalimba bieten Ganze Noten eine großartige Gelegenheit, die natürliche Resonanz Ihres Instruments zum Strahlen zu bringen. Da sie eine Weile anhalten, können Sie den wunderbaren Klang Ihres Instruments beim Spielen genießen.

Achtelnoten sind ein weiterer Rhythmus, den Sie wahrscheinlich oft in Ihrer Musik sehen werden. Achtelnoten erhalten nur einen halben Schlag. Die Beherrschung der Achtelnote ermöglicht es Ihnen, schöne Läufe und erstaunliche, komplexe Klänge zu erzeugen.

Mit einer Achtelnote können Sie zwei von ihnen in einen Schlag passen, da sie doppelt so schnell gespielt werden wie die Viertelnote.

Beim Zählen des Rhythmus einer Achtelnote bekommt die erste den Schlag. In diesem Fall bedeutet das, dass die erste Achtelnote mit einer "1" gezählt wird, wie es zuvor bei allen anderen Noten gemacht wurde. In der "common time" (der Art und Weise, wie die meisten Kalimba-Musikstücke geschrieben werden), bekommt die erste Achtelnote immer den Schlag, um den Beginn jedes neuen Schlags anzuzeigen.

Die zweite Achtelnote wird mit einem "und" gezählt. Wenn Sie also einen Takt Achtelnoten laut zählen würden, würde es sich anhören wie "1-und-2-und-3-und-4-und".

Achtelnoten sehen ähnlich aus wie Viertelnoten, behalten jedoch einen einzigartigen Schaft bei. Sie können alleine oder in einer Gruppe mit einer anderen Achtelnote gefunden werden.

Ganze Note = 4 Schläge

Halbe Note = 2 Schläge

Viertelnote = 1 Schlag

Achtelnote = ½ Schlag

Dies sind die häufigsten Rhythmen für Anfänger-Musik. Wenn Sie die Kalimba lernen, sollten Sie sich darauf konzentrieren, diese Grundlagen zu meistern. Musik mit fortgeschritteneren Rhythmen, obwohl mit viel Übung immer noch möglich, kann aufgeschoben werden, bis Sie ein fortgeschrittenerer Spieler sind.

Zusammen mit Rhythmen, die anzeigen, wann Sie spielen sollten, gibt es musikalische Notationen, die Ihnen sagen, wann nicht. Ein Pausenzeichen zeigt Stille an. Sie sollten in diesen Momenten nicht spielen, um die Melodie und den Rhythmus des Gesamtstücks aufrechtzuerhalten.

Die häufigsten Pausenzeichen sind die Ganze-Pause, Halbe-Pause und Viertel-Pause.

Jede dieser Pausen wird die gleiche Anzahl von Zählzeiten oder Schlägen erhalten wie die entsprechende Note darüber.

Ganze Pause = 4 Schläge

Halbe Pause = 2 Schläge

Viertelpause = 1 Schlag

Obwohl der **ganze Taktstrich** und der **halbe Taktstrich** ähnlich aussehen können, unterscheiden sie sich je nachdem, wo sie auf dem Notensystem liegen. Der halbe Taktstrich wird nur die Hälfte des Takts einnehmen, während der ganze Taktstrich ihn vollständig ausfüllen wird.

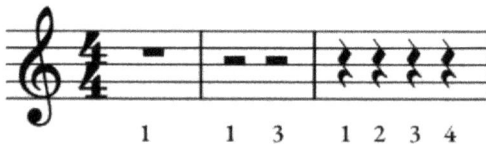

Ähnlich wie diese gibt es auch **Achtel-Pausen**, die für eine halbe Schlagstille zählen. Diese sind jedoch in fortgeschritteneren Musikstücken häufiger anzutreffen.

Am Anfang kann das Erlernen von Rhythmen eine der überwältigendsten Herausforderungen beim Spielen der Kalimba sein. Es kann eine Weile dauern, bis Sie es beherrschen. Es ist völlig in Ordnung, wenn Sie eine Zeit lang Schwierigkeiten haben, Noten zu verstehen.

Doch wenn Sie beginnen, dieselben Stücke immer wieder zu spielen, werden Sie feststellen, dass sie Ihnen vertraut werden und sich natürlich gut unter Ihren Fingern anfühlen.

Es ist eine anspruchsvolle Lernkurve, die gemeistert werden muss, aber es lohnt sich.

Kapitel 7

Lieder üben

Nun, da Sie mit dem Lesen von Noten und Tabulaturen vertraut sind, können Sie endlich versuchen, selbst zu spielen. Das Erlernen von Musik gelingt am besten durch praktische Erfahrung und viel Übung, also legen wir los!

Jedes Stück in diesem Kapitel wird in der Tonart C-Dur oder a-Moll geschrieben sein, damit es keine Vorzeichen gibt und es für Sie einfacher ist.

Die Tabulatur anwenden

Die ersten Lieder, die ich Ihnen zum Üben empfehle, sind im Ktabs-Format. Obwohl Tabulatur nicht universell ist und die Gesamtzahl der verfügbaren Stücke begrenzter ist, ist sie dennoch sehr wertvoll. Sie ist auf eine Weise geschrieben, die dem Denken des Kalimba-Spielers Sinn macht, was beim Lernen entscheidend ist.

Mary Had a Little Lamb

Go Tell Aunt Rhody

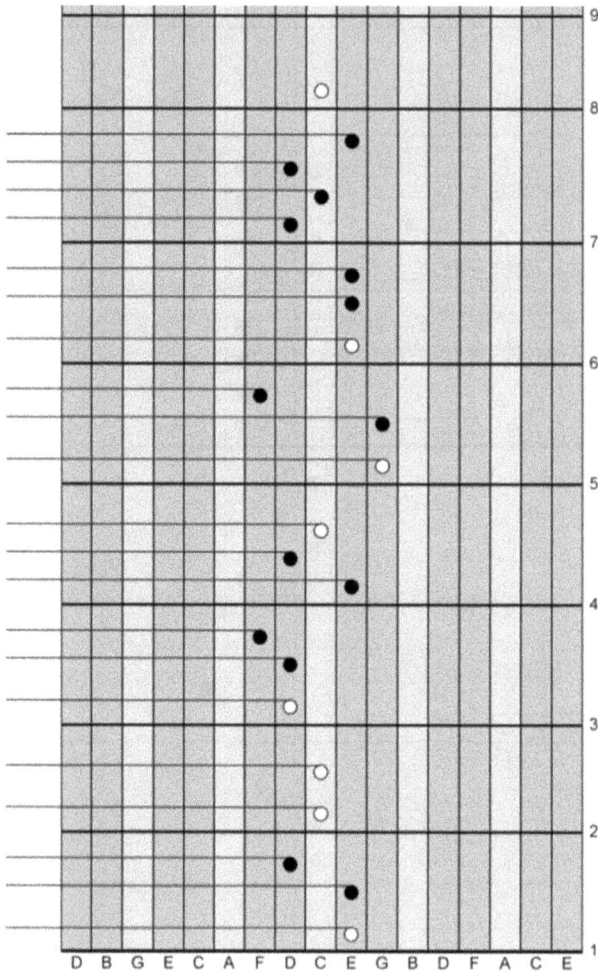

Hörbeispiel Nr. 12: Go Tell Aunt Rhody

In diesem nächsten Stück werden Sie vielleicht bemerken, dass einige der Viertelnoten und Halbenoten Punkte dahinter haben. Wenn Sie einen Punkt zu einer Note hinzufügen, fügen Sie die

Hälfte des Wertes der Note hinzu. Zum Beispiel würde eine punktierte Halbenote 3 Schläge statt 2 einnehmen.

London Bridge

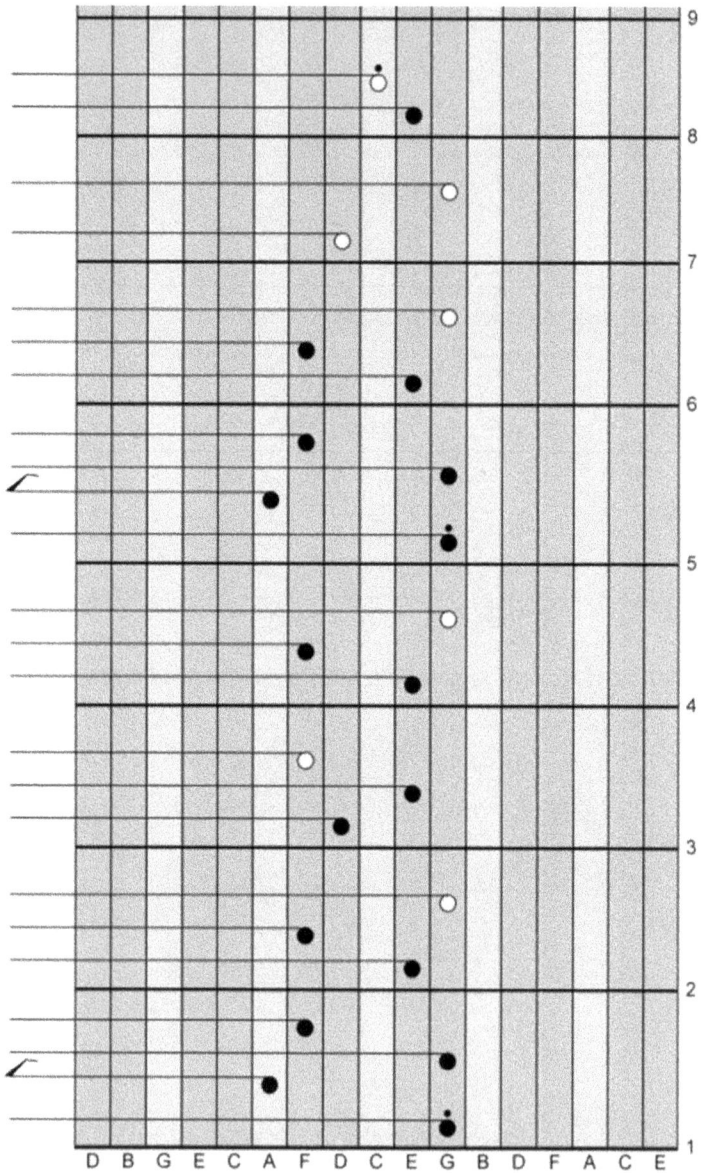

Hörbeispiel Nr. 13: London Bridge

Mit Noten experimentieren

Nun, da Sie mit einigen Ktabs geübt haben, ist es an der Zeit, ein paar Stücke mit Notenblättern zu spielen!

Wenn es Ihnen am Anfang schwerfällt, Noten zu erkennen, nehmen Sie sich ruhig Zeit dafür. Unsere musikalischen Eselsbrücken werden Ihnen beim ersten Üben mit Notenblättern sehr helfen, also vergessen Sie nicht "Edle Gäste Bringen Dir Freude" und "FACE"!

Hot Cross Buns

Hörbeispiel Nr. 14: Hot Cross Buns

Twinkle Twinkle Little Star

Hörbeispiel Nr. 15: Twinkle Twinkle Little Star

Ode to Joy

Hörbeispiel Nr. 16: Ode an die Freude (Notenblatt)

Übungen zum Aufbau der Technik

Wie bereits erwähnt, sind Arpeggios wunderbare Übungen, die Ihnen wirklich dabei helfen werden, auf der Kalimba Technik aufzubauen. Wenn Sie sich mehr an das Hin- und Her-Gefühl des Instruments gewöhnen, werden Sie in den Fluss der Kalimba kommen.

Wenn Sie beginnen, immer komplexere Musik zu lesen, werden Sie feststellen, dass einige Noten über und unter der Notenlinie liegen. Diese Töne werden entweder einige Oktaven über oder unter Ihrem mittleren Bereich liegen, was auf der Kalimba aufgrund ihrer Vielzahl von Zinken möglich ist."

Das Muster der musikalischen Noten lautet: **E F G A H C D.** Dieser Zyklus wiederholt sich, sobald Sie das Ende oder den

Anfang erreichen. Sie können dies verwenden, um das Lesen dieser neuen Noten rückwärts zu lernen!

C-Dur Arpeggio

A-Moll Arpeggio

Hörbeispiel Nr. 17: C-Dur und ein Moll-Arpeggios

Zusätzlich zu Arpeggios können Sie weiterhin die oben aufgeführten Lieder üben, bis Sie sie beherrschen. Sobald Sie sich beim Lesen und Spielen von Ktabs und Notenblättern sicherer fühlen, sollten Sie damit beginnen, eine breitere Palette von Musik zu erkunden. Lieder mit Akkorden, komplexeren Teilen und schwierigeren Rhythmen werden Ihnen jetzt viel zugänglicher sein. Das ist wirklich positiv! Es ermöglicht Ihnen, eine breitere Palette von Musik zu erkunden.

Sich daran zu gewöhnen, mehrere Noten gleichzeitig zu spielen, wird wahrscheinlich der nächste Teil Ihrer Kalimba-Spielreise sein. Dies wird es Ihnen ermöglichen, nicht nur neue Lieder, sondern auch komplexere Lieder mit mehr Tiefe und Struktur zu spielen.

Versuchen Sie, mit dieser Anordnung von 'Deck the Halls' herumzuspielen.

Deck the Halls

Hörbeispiel Nr. 18: Deck the Halls

Sich an das Gefühl zu gewöhnen, mehrere Noten gleichzeitig zu spielen, ist absolut entscheidend, wenn Sie mit der Kalimba technisch versierter werden. Dieses Instrument ist im Kern so schön, weil es die Fähigkeit hat, eine Vielzahl von Klängen zusammenzubringen.

Wenn Sie immer noch Schwierigkeiten beim Bewegen auf der Kalimba haben, empfehle ich Ihnen, einige Zeit damit zu verbringen, Ihre C-Dur- und A-Moll-Tonleitern zu beherrschen. Diese werden besonders hilfreich sein, insbesondere wenn Sie auf ein Musikstück stoßen, das schnelle Abfolgen von musikalischen Noten erfordert.

C-Dur und A-Moll-Tonleiter

Hörbeispiel Nr. 19: C-Dur- und A-Moll-Tonleiter

Während Sie daran arbeiten, Ihre Akkordtechnik zu verbessern, sollten Sie auch mit den C-Dur- und A-Moll-Tonleitern spielen, um einige harmonierende Noten zu finden.

Zusammen mit all diesen Beispielen kann Musik für die Kalimba im gesamten Internet gefunden oder kostenlos online heruntergeladen werden. Am Ende dieses Buches werden Ressourcen angehängt, die Ihnen weitere Möglichkeiten bieten, Ihre musikalischen Fähigkeiten zu testen. Die oben genannten Lieder und Technikanleitungen sind ein großartiger Ausgangspunkt für Sie und jeden Anfänger. Es ist jedoch logisch, dass Sie sich ausprobieren und neue Lieder jeder Art spielen möchten.

Schränken Sie sich nicht ein! Erkunden Sie weiterhin überall Musik, wo Sie sie finden können. Dies ist eine der besten Möglichkeiten, zu wachsen."

Kapitel 8
Einführung in das fortgeschrittene Kalimbaspiel

Behandelte Themen:

- Artikulation

- Dynamik

- Neue Rhythmen

- Akkorde und Harmonien

Da Sie nun beim Betrachten und Verstehen von Noten sicherer sind, können Sie einige fortgeschrittene Kalimba-Techniken erlernen. Dabei handelt es sich um musikalische Begriffe und Elemente, die Ihnen in vielen Musikstücken begegnen werden. Möglicherweise haben Sie sogar schon einige dieser Elemente gesehen, auch wenn Sie sie zuvor nicht identifizieren konnten.

In diesem Kapitel werden Sie sich mit fortgeschrittenen musikalischen Techniken vertrauter machen, die Ihnen wirklich dabei helfen werden, Ihr Spielniveau zu steigern.

Artikulation

Wie Sie sich dazu entscheiden, ein Musikstück zu artikulieren, wird den endgültigen Klang dessen beeinflussen, was Sie produzieren. Das Ausüben eines bestimmten Drucks auf die Zinken der Kalimba (leichter oder stärker), die Verringerung der Nachhallmenge oder das Zulassen des Klangs Ihres Instruments sind Spieltechniken, die alle mit der Artikulation Ihres

Kalimbaspiels zu tun haben. Manche Musikpassagen kommen am besten zur Geltung, wenn sie leise, selbstbewusst, sanft usw. gespielt werden. Oft gibt Ihnen die Musik vor, wie bestimmte Noten, Passagen oder Abschnitte gespielt werden sollen. Wenn jedoch keine Markierung vorhanden ist, haben Sie als Musiker die kreative Freiheit zu entscheiden, wie der Komponist (oder Sie selbst!) diese Teile gespielt sehen möchte.

Einige Musikstücke enthalten Gruppen von Noten, die miteinander **verbunden** sind. Das bedeutet, dass es keine Pause zwischen den Noten gibt. Bei einem Holz- oder Blechblasinstrument würden Sie zwischen diesen Noten weder atmen noch anblasen.

Auf dem Kalimba, da kein Atmen erforderlich ist, können Sie Ihr Bestes tun, um eine flüssigere Betonung in Ihre Musik einzufügen.

Eine Möglichkeit, dies zu tun, besteht darin, die Töne auf Ihrer Kalimba wirklich erklingen zu lassen. Sie können versuchen, Töne auf der Kalimba länger zu halten, indem Sie die Finger richtig gegen die Seiten und die Rückseite des Resonanzkörpers drücken.

Wenn Sie eine nachhallende Zunge mit dem Daumen drücken oder anschlagen, stoppen Sie den Ton früher, als er natürlich verklingen würde. Dies ist eine Technik, die für andere Arten der

Artikulation verwendet werden kann, jedoch nicht für das Verbinden von Tönen.

Eine Notation, die einem Bindebogen ähnelt, ist eine **Bindung** (tie). Es handelt sich um eine gekrümmte Linie über einer Gruppe von Noten. Allerdings unterscheidet sich eine Bindung von einem Bindebogen, da Bindungen nur Noten gleicher Tonhöhe miteinander verbinden, um eine Verlängerung der Gesamtnotenlänge anzuzeigen.

Diese könnten in der Musik verwendet werden, wenn der natürliche Fluss des Rhythmus des Komponisten über die Taktlinie hinausgeht und mit einer Bindung verbunden werden muss.

Zusätzlich zur Betonung der Art und Weise, wie Sie zwischen den Noten fließen, möchte die fortgeschrittene Musik möglicherweise auch, dass Sie die einzelnen Noten auf eine bestimmte Weise spielen.

Ein Tenuto ist ein Beispiel für eine fortgeschrittenere Artikulationsmarkierung. Es sieht aus wie eine kleine horizontale Linie über der Note, die Sie spielen werden.

Eine **Tenuto**-Markierung zeigt an, dass Sie die Noten glatt spielen sollen, während Sie die Note für ihre volle Länge halten.

Aufgrund der Natur der Kalimba ist es nicht immer möglich, eine Note für ihre volle Länge aufrechtzuerhalten. Sie können jedoch den geschmeidigen Tenuto-Stil auf Ihre Musik anwenden, indem Sie keine harten Attacken am Anfang jedes neuen Takts haben und die Nachhallungen Ihrer Musik sich selbst aufrechterhalten lassen. Ein kleiner Abstand zwischen jeder neuen Note und der vorherigen stellt sicher, dass Sie Tenuto-Passagen korrekt spielen.

Eine weitere Artikulation, auf die Sie stoßen könnten, ist das **Staccato**. Diese Markierungen sind kleine Punkte über oder unter der Note (je nach Richtung des Notenhalses). Dies ist eine Kennzeichnung, die Ihnen sagt, jede Note kurz und getrennt zu spielen.

Wenn Sie also Staccatos spielen, legen Sie mehr Gewicht auf den Beginn des Takts und versuchen dann, die Nachhallungen der Zinken mit Ihrem Daumen zu dämpfen.

Es gibt viele verschiedene Möglichkeiten, Staccatos zu spielen, aber solange Sie nicht zulassen, dass Ihre Noten ineinander übergehen, und mit jeder Note einen klaren, getrennten Klang erzeugen, spielen Sie sie korrekt.

Obwohl es viele weitere Artikulationen und Variationen von Halten und Pausen in der Musik gibt, werden wir die dritte und letzte Artikulation behandeln: das Akzentzeichen. Diese können mit anderen musikalischen Techniken kombiniert werden, um einen lautereren, stärker akzentuierten Klang zu erzeugen. Akzente können durch das "größer als"-Symbol über oder unter einer bestimmten Note identifiziert werden.

Ein Akzent bedeutet, den Klang einer bestimmten Note herauszubringen. Auf der Kalimba können Sie dies erreichen, indem Sie beim Zupfen dieser speziellen Note mehr Druck auf die Zunge ausüben. Es kann einige Zeit dauern, bis Sie sich daran gewöhnt haben, wie viel Druck erforderlich ist, um einen kraftvollen und guten Akzent zu erzeugen, also seien Sie geduldig!

Diese fünf Artikulationsstile ermöglichen es Ihnen, immer mehr Musik zu spielen. Diese werden nicht nur wichtige Elemente für Ihre Klangqualität sein, sondern Ihnen auch helfen, erstaunliche Techniken auf der Kalimba zu entdecken, die Ihr Spiel bereichern werden. Indem Sie mehr Struktur zu den Arten, wie Sie spielen, hinzufügen, wird Ihre Musik nicht nur spaßiger zu spielen sein, sondern auch für das Zuhören fesselnder sein.

Artikulationen

Bindebogen oder Bindung= verbundene Noten

Tenuto = lange gehalten, sanfter Anschlag (-)

Staccato = kurz gehalten, schneller Anschlag (·)

Akzent = betonter und kräftiger Anschlag (>)

Dynamik

Wenn Sie beginnen, immer komplexere Musik zu lesen, werden Sie wahrscheinlich auf Dynamik stoßen. **Dynamik** in der Musik bezieht sich auf die Lautstärke und Qualität, mit der Sie einen bestimmten Abschnitt der Musik spielen sollten (normalerweise bis zur nächsten dynamischen Markierung).

Es gibt viele verschiedene Arten von Dynamiken, die Ihnen mitteilen werden, wie Sie ein Stück spielen sollen. Sie können Ihnen sagen, die Lautstärke über einen Zeitraum zu erhöhen oder zu verringern oder dies plötzlich zu tun.

Eine der besten Möglichkeiten, die Dynamiken zu verstehen, besteht darin, ihre Beziehung zueinander zu betrachten. Wirklich wichtig ist der Kontrast zwischen lauten Momenten und leiseren Spannungsmomenten in Ihrer Musik.

Dynamik-Markierungen, die mit einem p notiert sind, neigen dazu, auf der leiseren Seite zu sein. Das *p* steht für **"piano"**. Diese können für sanftere, lyrischere Abschnitte, für Teile der Musik, die nicht die Melodie sind, oder zur Schaffung von Kontrasten verwendet werden.

Umgekehrt werden Dynamik-Markierungen mit einem f lauter sein. Das *f* steht für "**forte**". In der Musik werden Sie lautere Dynamik-Markierungen sehen, wenn Sie herauskommen sollen und vielleicht etwas kühner spielen sollen.

Allerdings gibt es zwischen, über und unter den Markierungen für "piano" und "forte" eine Vielzahl von Dynamiken, die eine breite Palette von Klängen erzeugen werden.

ppp	*pianississimo*	sehr sehr leise
pp	*pianissimo*	sehr leise
p	*piano*	leise
mp	*mezzo piano*	mäßig leise
mf	*mezzo forte*	mäßig laut
f	*forte*	laut
ff	*fortissimo*	sehr laut
fff	*fortississimo*	sehr sehr laut

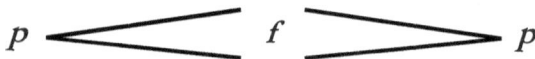

$$p \quad < \quad f \quad > \quad p$$

Es gibt viele Begriffe, die verwendet werden, um die Dynamik zu beschreiben. Lassen Sie sich davon vorerst nicht zu sehr überwältigen; wir werden sie noch genauer behandeln.

Mezzo ist eine italienische Bezeichnung für "mäßig". Das bedeutet, dass "mezzo piano" (***mp***) und "mezzo forte" (***mf***) Markierungen, obwohl sie unterschiedlich klingen, Ihnen helfen sollten, die Lücke in der Lautstärke zwischen einfach "laut" und "leise" zu überbrücken. Diese beiden Dynamik-Markierungen sind ziemlich häufig, und "mezzo forte" wird oft als Ihr "normales", natürliches Spielniveau betrachtet.

Hörbeispiel Nr. 20: Dynamische Beispiele

Denken Sie daran, dass Dynamik-Markierungen in Kraft bleiben, bis die nächste Dynamik-Markierung in der Notennotation angegeben ist.

Zusätzlich zu Buchstaben gibt es auch Symbole, die Dynamik anzeigen. Dies gilt für das "**Crescendo**" und das "**Decrescendo**".

Crescendo   Decrescendo

Es kann auch mit Buchstaben geschrieben werden. Ein Decrescendo kann auch als Diminuendo bezeichnet werden.

cresc. _ _ _   dim. _ _ _

Crescendo   Decrescendo/Diminuendo

Diese Dynamiken erscheinen unter einer Note. Wenn Sie sie bemerken, sollten Sie entweder lauter oder leiser werden, bis Sie am Ende des Symbols angekommen sind. Je nach Länge Ihrer Dynamik-Markierung müssen Sie möglicherweise sehr schnell laut werden oder sich so schnell wie möglich leise machen.

Denken Sie daran, dass das Decrescendo und Crescendo allmählich zu der endgültigen Lautstärke führen sollten. Auf der Kalimba können solche Dynamiken erreicht werden, indem Sie allmählich mehr oder weniger Druck auf die Zungen ausüben. Je mehr Anstrengung Sie beim Zupfen der Tasten aufwenden, desto lauter wird der Klang sein. Weniger Druck führt zu einem leiseren Klang.

Neue Rhythmen

Wenn Sie beginnen, ein breiteres Spektrum von Musik zu erkunden, werden Sie wahrscheinlich damit beginnen, neue Rhythmen zu erleben.

Notenwert	Bezeichnung	Wert der angefügten Pause
	Ganze Note	
	Halbe Note	
	Viertelnote	
	Achtelnote	
	Sechzehntelnote	

Was am wichtigsten ist, wenn Sie mit neuen Rhythmen experimentieren, ist, dass Sie ein Verständnis für die Grundlagen der Musik bewahren.

Basierend auf Ihrer Taktart wissen Sie, wie viele Schläge pro Takt vorhanden sind. Mit dieser Information können Sie den Prozess des Notenlesens rückwärts durchführen, indem Sie bis zur kleinstmöglichen rhythmischen Wertigkeit pro Takt unterteilen.

Sechzehntelnoten sind eine Rhythmusart, die Sie bei komplexerer Musik entdecken könnten.

Man kann sie als "1 e + a, 2 e + a, 3 e + a, 4 e + a" zählen, wobei jede einzigartige Silbe für eine Sechzehntelnote steht. Jede Sechzehntelnote nimmt ein Viertel des Takts ein.

Akkorde und Harmonien

Mit dem Aufbau der Kalimba ist es möglich, mehrere Noten gleichzeitig zu spielen. Dies ist eine Fähigkeit, die besonders betont wird, wenn Sie Kalimba-spezifische Musik spielen.

Die meisten Akkorde, die Sie in der Kalimba-Musik finden, sind leicht zu treffen. Oft können Sie zwei Zungen mit dem gleichen Daumen zupfen, wenn sie direkt nebeneinander liegen.

Es gibt jedoch kompliziertere Akkorde, die erfordern, dass Sie gleichzeitig den gesamten Bereich Ihres Instruments erkunden. In diesem Fall wird es wahrscheinlich einige Übung erfordern, um in der Lage zu sein, diese Akkorde zu treffen.

Versuchen Sie, mit einigen gängigen Akkordsituationen zu experimentieren. Diese musikalischen Ideen im muskulären Gedächtnis zu haben, wird nützlich sein, wenn Sie ihnen in Zukunft begegnen.

Kapitel 9

Grundlegende Pflege und Reinigung des Instruments

Die Kalimba ist ein Instrument, das langfristig relativ einfach zu pflegen ist. Es muss nichts auseinandergenommen oder wieder zusammengesetzt werden, wenn Sie Ihr Instrument wieder spielen möchten.

Aufgrund dessen ist die Kalimba ein erstaunliches Instrument, mit dem man einfach herumspielen kann. Spielen Sie, wann immer es Ihnen passt, und üben Sie weiter! Dies ist eine der einzigen Möglichkeiten, wie Sie sich als Musiker in der Zukunft verbessern können.

Beim Aufbewahren Ihrer Kalimba ist es eine gute Idee, sie an einem Ort zu halten, der vor übermäßiger Hitze, Kälte oder direkter Sonneneinstrahlung geschützt ist. Es ist auch nicht ratsam, Ihre Kalimba ständig draußen oder ungeschützt zu lassen, da dies nicht nur das Holz Ihrer Resonanzfläche beeinträchtigen könnte, sondern auch generell zu Beschädigungen Ihrer Kalimba führen könnte. Die richtige Lagerung ist wichtig, um mögliche Schäden zu verhindern, die die Klangqualität Ihres Instruments beeinträchtigen könnten. Im Allgemeinen ist es eine kluge Idee, Ihr Instrument sicher aufzubewahren. Auf diese Weise müssen Sie sich keine Sorgen machen, Ihre Kalimba bald ersetzen zu müssen. Dies stellt auch sicher, dass Sie die Zungen Ihres Instruments nicht so oft nachstimmen müssen.

Es wird empfohlen, Ihre Kalimba in der Schachtel aufzubewahren, in der Sie sie gekauft haben, oder in einem weichen Stoffbeutel. Es gibt nicht viele offizielle Kalimba-Gehäuse auf dem Markt, und Ihr Kalimba wird wahrscheinlich keins benötigen, es sei denn, Sie reisen damit. Machen Sie sich also keine Gedanken darüber, ein besonders gepolstertes oder spezielles Kalimba-Gehäuse zu haben. Solange Sie für etwas Schutz für Ihre Daumenklavier sorgen können, ist alles in Ordnung.

Ich bewahre meine Kalimba in einem weichen, samtigen Beutel auf und lege sie dann in die Box, in der sie geliefert wurde. Danach stelle ich sie an einen Ort, an dem niemand versehentlich dagegenstoßen oder sie beschädigen kann. Das kann auf meinem

Bücherregal oder zusammen mit meinen anderen Musikinstrumenten sein. Solange sie sicher ist, spielt es keine Rolle, wo sie ist!

Es könnte Ihnen auffallen, dass Ihre Kalimba nach einigen Wochen des Spielens leicht verstimmt klingt. Natürlich wird die Kalimba nicht für immer perfekt gestimmt bleiben. Wenn Sie Ihr Instrument spielen, werden sich die Zungen verschieben. Beim Aufbewahren kann die Kalimba auch natürlich etwas verstimmt werden.

Wenn das der Fall ist, müssen Sie sich die Zeit nehmen, Ihre Kalimba nachzustimmen. Beachten Sie dies einfach, wenn Sie Ihr Instrument spielen, da es sich im Laufe der Zeit verändern und schlechter klingen kann.

Wie bereits gesagt: Das Stimmen Ihres Instruments wird eventuelle Probleme beheben.

Sie können Ihre Kalimba stimmen, indem Sie einen Stimmgerät verwenden und leicht mit einem Stimmhammer auf die Unterseite und Oberseite der Zungen tippen, bis Sie die erwarteten Tonhöhen erreichen.

Um sicherzustellen, dass Ihr Instrument immer gut aussieht, können Sie die Metallzungen der Kalimba vorsichtig mit einem Mikrofasertuch abwischen. Allerdings ist dies größtenteils überflüssig, es verleiht Ihrem Instrument lediglich ein schönes Aussehen und hält es sauber.

Solange sich Ihr Instrument an einem sicheren Ort befindet, wenn es nicht in Gebrauch ist, wird Ihre Kalimba bereit sein, wenn Sie beim nächsten Mal spielen möchten.

Kapitel 10
Fehlerbehebung

Wenn Sie immer vertrauter mit Ihrem Instrument werden, könnten Sie feststellen, dass Sie die Qualität des Instruments überwachsen haben.

Einige Kalimbas sind sehr preisgünstig und können minderwertige Zinken haben, also möchten Sie sie vielleicht austauschen. Oder vielleicht möchten Sie einfach verschiedene Tonarten ausprobieren und den vollen Tonumfang Ihrer Kalimba erkunden.

Was auch immer der Grund oder das Problem ist, wahrscheinlich können Sie es beheben.

Ersatzteile austauschen

Wenn Sie anfangen, Ihre Kalimba immer häufiger zu spielen und feststellen, dass Ihnen der Klang Ihres Instruments nicht gefällt, können Sie tatsächlich die Zinken Ihrer Kalimba austauschen. Dies kann auch gemacht werden, wenn Sie Ihre Zinken auf irgendeine Weise beschädigen oder einfach eine Veränderung in der Klangqualität wünschen.

Die Zinken sind entscheidend für Ihre Kalimba-Spielerfahrung. Wenn Sie minderwertige Zinken haben, könnten Sie feststellen, dass Ihre Kalimba beim Spielen blechern und rasselnd klingt, was Sie daran hindert, schöne Akkorde, Verzierungen und Läufe zu erzeugen.

Um dies zu beheben, können Sie versuchen, die Zinken Ihres Instruments auszutauschen. Recherchieren Sie, welche Marke von Zinken Sie erhalten möchten, und kaufen Sie diese basierend auf ihrer ultimativen Klangqualität.

Um die Zinken Ihrer Kalimba zu wechseln, benötigen Sie **eine Zange, ein Mikrofasertuch, ein Stimmgerät und einen Stimmhammer.**

Beginnen Sie damit, Ihre alten Zinken zu entfernen. Dies kann erreicht werden, indem Sie sie unten mit der Zange greifen und dann ziehen, bis sie herauskommen. Wenn Sie hoffen, Ihre Zinken für später aufzubewahren, sollten Sie sicherstellen, dass Sie ein Mikrofasertuch am Ende Ihrer Zange verwenden, um Kratzer zu vermeiden.

Nachdem alle Zinken entfernt wurden, können Sie damit beginnen, die neuen einzusetzen. Dies tun Sie, indem Sie den neuen Zinken vorsichtig in die Z-Halterung und auf den Anschlag Ihrer Kalimba einsetzen.

Wenn Sie den richtigen Zinken durch den Boden der Z-Halterung gesteckt haben, können Sie mit Ihrer Zange nach dem hinteren Ende der Taste greifen und ihn mit einer gebogenen "C"-Bewegung vollständig durchziehen.

Sie müssen dies für so viele Zinken tun, wie Ihre Kalimba hat.

Danach sollten Sie sich die Zeit nehmen, Ihre Kalimba ordnungsgemäß zu stimmen, um sicherzustellen, dass sie mit den neuen Zinken korrekt ist.

Sie sollten wirklich vorsichtig vorgehen, wenn Sie den Prozess des Austauschs Ihrer Kalimba-Zinken durchführen, insbesondere weil Sie wahrscheinlich viel Druck auf Ihre Kalimba ausüben werden. Wenn Sie jünger sind, wird empfohlen, dass Sie sich von einem Elternteil bei diesem Prozess helfen lassen, da dies potenziell gefährlich sein könnte.

Auch wenn Sie ein Erwachsener sind, seien Sie vorsichtig beim Entfernen oder Einsetzen von Zinken in eine Kalimba, zum Schutz Ihres Instruments und Ihrer eigenen Sicherheit!

Wie bereits gesagt, um wirklich ein gutes Gefühl für Ihre neuen Kalimba-Zinken zu bekommen, stimmen Sie sie unbedingt! Seien Sie geduldig damit, und ich bin sicher, Sie werden ein großartiges Ergebnis erzielen!

Stimmen in anderen Tonarten

Wenn Sie mit Ihrem Instrument immer fortschrittlicher werden, werden Sie wahrscheinlich feststellen, dass Sie eine breitere Palette von Liedern in interessanteren Tonarten spielen möchten.

Während die meisten Menschen die Kalimba normalerweise nur in der Tonart C-Dur spielen (die wahrscheinlich die Tonart ist, in der Ihre Kalimba gestimmt ist), können Sie sie technisch auch auf andere Dur-Tonarten stimmen. Dies ermöglicht es Ihnen, eine breitere Palette von Musik zu spielen!

Wenn Sie ein Stimmgerät haben, können Sie Ihren Stimmenhammer verwenden, um die Tonart Ihrer Kalimba anzupassen. Sie sind technisch gesehen auf die Länge der Zinken Ihrer Kalimba beschränkt (weil sie möglicherweise nicht korrekt schwingen, wenn Sie sie zu weit nach unten bewegen), aber es ist definitiv möglich, in einer anderen Tonart zu spielen.

Hier ist ein Beispiel für eine andere Tonart in der Musik:

Einzelne Tonarten enthalten eine Vielzahl von Vorzeichen (♯ und ♭) auf verschiedenen Noten. Dies bedeutet, dass Sie die Noten mit Vorzeichen auf die entsprechenden Vorzeichen stimmen.

Oben ist ein Beispiel für eine sehr gebräuchliche Tonleiter und Tonart: Bb-Dur. Wenn Sie ein anderes Instrument (wie die Flöte) lernen würden, wäre dies eine Tonleiter, die Sie ziemlich regelmäßig verwenden würden. Dies kann immer noch auf der Kalimba verwendet werden und ist eine großartige Möglichkeit, mit westlichen musikalischen Tonleitern zu experimentieren.

Tonleitern sind eine fantastische Möglichkeit, sich auf der Kalimba zu verbessern, insbesondere weil die schnellen Hin- und Herbewegungen zwischen den Daumen Ihre Koordination stärken.

Wenn Sie jemals daran interessiert sind, Musik in einer neuen Tonart zu spielen, müssen Sie sicherstellen, dass Sie richtig darauf gestimmt sind. Und wenn Sie fertig sind, vergessen Sie nicht, Ihre Zinken nachzustimmen!

Wenn Sie feststellen, dass Sie andere Probleme mit Ihrer Kalimba haben, können Sie sich Zeit nehmen, im Internet weitere Recherchen anzustellen. Es gibt viele Kalimba-Foren und Gruppen online, die bereit sind, mit Ihnen zu sprechen und Ihnen zu helfen, sich als Spieler zu verbessern. Das Teilen Ihrer Musik dort oder das Einholen von Ratschlägen, wie Sie sich weiterentwickeln können, kann wirklich vorteilhaft sein.

Kapitel 11
Zum Abschluss

Jetzt, da Sie mehr Erfahrung mit der Kalimba haben, sind Sie bereit, eine breitere Palette von Techniken zu erkunden, die Ihre musikalischen Fähigkeiten wirklich herausfordern werden.

Es gibt eine ganze Welt von Musik da draußen, und ein gutes Verständnis Ihrer Grundlagen wird Sie darauf vorbereiten, in der Zukunft mit viel anspruchsvollerer Musik erfolgreich zu sein.

Zu diesem Zeitpunkt fühlen Sie sich wahrscheinlich ziemlich wohl beim Lesen und Spielen aller Anfängerstücke und fangen gerade erst an, in die Welt der fortgeschrittenen Lieder einzutauchen, die komplexere Akkorde, Ideen und Melodien haben.

Halten Sie Ausschau nach Ressourcen, während Sie weiter lernen und wachsen!

Stimmgerät-Ressourcen

An diesem Punkt haben Sie wahrscheinlich bereits ein Stimmgerät verwendet. Wenn Ihnen das, das Sie haben, nicht gefällt, erwägen Sie, einige andere Optionen auszuprobieren, da das Stimmgerät ein wichtiges Werkzeug für jeden Musiker ist. Gewöhnen Sie sich daran, Ihre Kalimba jedes Mal zu stimmen, wenn Sie sich zum Spielen hinsetzen! Das ist hilfreich für Ihre musikalischen Fähigkeiten und wird sich positiv auf Ihr Kalimba-Spiel auswirken.

Wenn Sie nach einem hochwertigeren Stimmgerät suchen, können Sie wahrscheinlich eines in jedem Musikgeschäft kaufen. Sie sind auch online oder auf Ihrem Smartphone erhältlich.

Wenn Sie bereits ein Stimmgerät haben, aber keinen Metronom haben, überlegen Sie sich, ein weiteres Gerät zu besorgen, das Ihnen Zugang zu einem Metronom ermöglicht, damit Sie die Zeit Ihrer Musik richtig im Griff haben. Fühlen Sie sich nicht verpflichtet, ein teures Stimmgerät oder Metronom zu besorgen.

Es gibt viele Stimmgerät-Apps, die Sie finden und ausprobieren können. Schauen Sie einfach in Ihrem App Store nach!

Stimmgeräte-Apps:

- TE Tuner & Metronome

- insTuner

- Chromatic Tuner

Musikbücher

Da Sie nun alles Wesentliche für das Spielen der Kalimba wissen, können Sie sich ein Notenbuch zulegen, um eine ganze Reihe neuer Lieder zu entdecken.

Es gibt zahlreiche Bücher, die ein breites Spektrum an Musik abdecken. Wenn Sie die Grundlagen beherrschen, können Sie nun andere musikalische Ideen erkunden.

Dies kann hilfreich sein, vor allem, da es in der Regel keine privaten Kalimba-Lehrer gibt, die Ihnen zeigen, wie Sie besser und besser werden. Ein angeleiteter Zugang zur Musik ist sehr wertvoll, vor allem, wenn man noch nie ein Instrument gelernt hat.

Versuchen Sie, **gängige Kalimba-Liederbücher** im Internet zu finden. Falls Sie die Möglichkeit haben, kaufen Sie die Bücher, die Sie am meisten interessieren. Unterstützen Sie dabei insbesondere kleine Musiker und talentierte Kalimba-Liedermacher.

Wer kein Geld ausgeben will, kann im Internet durchaus kostenlose Noten oder Ktabs zum Herunterladen finden. Der einzige Unterschied besteht darin, dass es sich dabei möglicherweise nicht um einen ausgewogenen Ansatz handelt und Sie etwas mehr Zeit und Recherche benötigen.

Es ist sehr wichtig, weiter mit der Musik zu üben, daher sollten Sie sich weiter anstrengen! Auf diese Weise können Sie sich am besten verbessern.

Webseiten und Internetressourcen

Wenn Sie sich auf die Suche machen, können Sie eine erstaunliche Kalimba-Community im Internet finden, die bereit ist, so viel Musik und Forschung mit Ihnen zu teilen. Es gibt eine Menge nützlicher Techniken, die Sie von anderen Leuten lernen können, zögern Sie daher nicht, mit der Suche zu beginnen.

Im Folgenden finden Sie einige beliebte Kalimba- oder Musik-Sharing-Angebote:

- https://mbira.org/

- https://www.kalimbamagic.com/

- https://kalimbahq.com/

- https://musescore.com/

Da Ihnen nun eine breitere Palette von Ressourcen zur Verfügung steht, können Sie weiter spielen. Gehen Sie hinaus in die Welt und machen Sie schöne Musik! Haben Sie keine Angst, von anderen zu lernen, und nutzen Sie die musikalischen Möglichkeiten, die sich mit der Zeit ergeben werden.

Hier beginnt Ihre Kalimba-Reise mit einem Instrument, das Sie herausfordern, aber auch wachsen lassen wird.

Sobald Sie die Kalimba in den Händen halten, treten Sie in eine Gemeinschaft von Menschen ein, die viel positive Energie und Freude mit der Welt teilen wollen. Lassen auch Sie die Welt an den Klängen Ihrer Musik teilhaben.

Blicken Sie ab jetzt in eine wunderbare musikalische Zukunft. Viel Spaß damit!

Entdecken Sie Ihr musikalisches Potenzial:
Sichern Sie sich 30% Rabatt für den nächsten Schritt auf Ihrer instrumentalen Reise

Als Zeichen der Wertschätzung für Ihr Engagement freuen wir uns, Ihnen einen **exklusiven Rabatt von 30 %** auf Ihr nächstes Produkt anbieten zu können, wenn Sie sich unten mit Ihrer E-Mail-Adresse anmelden.

Klicken Sie auf den untenstehenden Link:
https://bit.ly/40NikR2
ODER
Verwenden Sie den QR-Code:

Mit kontinuierlicher Anleitung und Unterstützung ist es einfacher, Ihr musikalisches Potenzial zu entfalten. Treten Sie unserer Gemeinschaft leidenschaftlicher Musiker bei, um Ihre Fähigkeiten zu verbessern und mit den neuesten Tipps und Tricks auf dem Laufenden zu bleiben.

Wenn Sie sich anmelden, erhalten Sie auch unseren regelmäßigen Newsletter mit zusätzlichen Informationen und Ressourcen, die Ihre musikalische Reise bereichern.

Wir legen großen Wert auf Ihre Privatsphäre. Daher werden wir Sie nicht mit Spam-Mails überhäufen. Zudem können Sie sich jederzeit abmelden.

Nutzen Sie diese Gelegenheit, um Ihre musikalische Reise mit diesem Sonderrabatt fortzusetzen. Melden Sie sich jetzt an, und lassen Sie uns gemeinsam dieses musikalische Abenteuer beginnen!

www.ingramcontent.com/pod-product-compliance
Lightning Source LLC
Chambersburg PA
CBHW072041040426

42447CB00012BB/2957